七田 眞

JN275671

七田式子育て理論 36年の法則

頭のいい子を育てる「語りかけ」と「右脳あそび」

講談社+α新書

まえがき

子育てが難しくなっています。

昔と違って、核家族化が進み、都会では隣の人とのつながりも薄くなり、若い両親が赤ちゃんをどう育てたらよいか、相談する人もなく途方に暮れるという場面が、あちこちで見られるようになっています。

おっぱいの飲ませ方、おむつの換え方、離乳食の作り方など、基本的な身体ケアについて書かれた育児書はあっても、子どもの心を育て、脳を育て、やる気や知力を育み、志を育てる方法にふれる育児書は、非常に少ないというのが実情です。

世の中が大きく変わり、学校教育のあり方も転換期を迎えています。しかし、それを知らずにいると、子どもが学校にあがってから戸惑ってしまうでしょう。今日ほど、適切な子育てのテキストが必要とされている時代はないといえるのです。とくに、二一世紀は「脳科学と教育の時代」です。ここまで踏み込んだ育児書となると、他にはありえません。

本書は、一九六八年に私が子どもの右脳教育について取り組みはじめてから、三六年の歴史をもつ「七田式子育て理論」を集約しています。

その当初から「心の子育て」にベースをおいた七田ならではの潜在意識教育、すなわち右脳教育の真実とノウハウをまとめた決定版といえます。

その特徴は、最も先端的な右脳教育理論を踏まえたうえで、胎教から始まり、生まれた赤ちゃんにどう語りかけ、愛情を伝え、手をかければよいかを、具体的に説いている点にあります。子どもたちが本来もつ優れた能力を引き出すために、七田の教室で実践している「右脳あそび」についてもふれました。加えて、子育て中の若いご両親が直面するであろう悩みの数々にも、Q&A方式で答え、七田式理論に基づいた解決策を具体的に講じているのも、大きな特徴の一つといえます。

〇歳から六歳までの子どもたちの脳は、右脳が優位に働いています。この時期に受け取った刺激は、子どもの心や脳、感性や知性、性格までも形づくります。つまり幼児期に子どもを取り巻く環境こそが、一生の基礎を形成しているといえるでしょう。

そのことを知れば、幼児期こそ一生で一番大切な時期であるということが理解できるでしょう。そして、この真実を理解してくださった多くのご両親が、七田式理論をもとに子育てを実践してくださっています。七田で学んだ子どもたちも、各方面で活躍を始めています。

幼時のころ、七田教室に通っていたA・Nさんは二六歳。いまは世界的に活躍が期待される音楽家です。T・S君は一九歳。二〇〇四年のカンヌ国際映画祭で上映された日本映画『茶の味』で主役を演じました。S・Nさんは二四歳。現在、東京大学の大学院で心臓の研究に打ち込む若き研究者です。

また、古くからの会員には、大学教授になったS・Aさん、若くして環境学の博士号を取ったM・Mさん、女性企業家として全国表彰された六人のなかの一人K・Hさん等々、社会の中枢で実力を発揮している方が増えています。

こうした人々の活躍こそ、「七田式子育て理論」が机上の空論でなく、社会に役立つ子育ての超実践法であることを証明しているといえるでしょう。

ここで七田に出会ったみなさんとその子どもたちが、彼らに続いてさまざまな場面で活躍されることを、心から願っています。

二〇〇四年九月

七田　眞

◉目次

第2章　世界の脳力開発最前線

第3章　右脳教育は〇歳から始めよう

第4章　母親の「語りかけ」で子どもは劇的に変わる

第5章　子どもの知力がグングン伸びる「右脳あそび」

第6章 子育ての悩みと七田式解決法 33問33答

第1章　頭のいい子が育つ七田式理論〝基礎の基礎〟

右脳の力と二一世紀の教育

右脳は長い間、理解されない脳でした。

右脳のことが一般に広く理解されるようになったのは、一九八一年、カリフォルニア工科大学のロジャー・スペリー教授が右脳の研究でノーベル賞をとって以来のことです。

同じころ、アメリカでもう一つの出来事がありました。それは、ロジャー・スペリーがノーベル賞を受賞する少し前、トーマス・R・ブレークスリーという人が書いた『The Right Brain』という本の出版です。この本によって、アメリカの人々は右脳について詳しく知るようになったといえるでしょう。この本は日本でも『右脳革命』（プレジデント社）というタイトルで出版されています。

ブレークスリーはカリフォルニア工科大学を卒業した発明家で、その著書は全米の工科系大学で教科書として使われているほどの権威です。本職は電子工学の技術者。日ごろから、自分が人と異なった頭の使い方をしていることに薄々気づいていた彼は、最近の大脳研究によって右脳と左脳の異なる働きを知り、たいへん興味を覚えました。以来、余暇のすべてを脳の文献の研究にあてました。そして、それまでにあった右脳と左脳の断片的な知識を一つの見解につなぎ合わせ、この本の執筆にあたったといいます。

右脳と左脳の役割分担

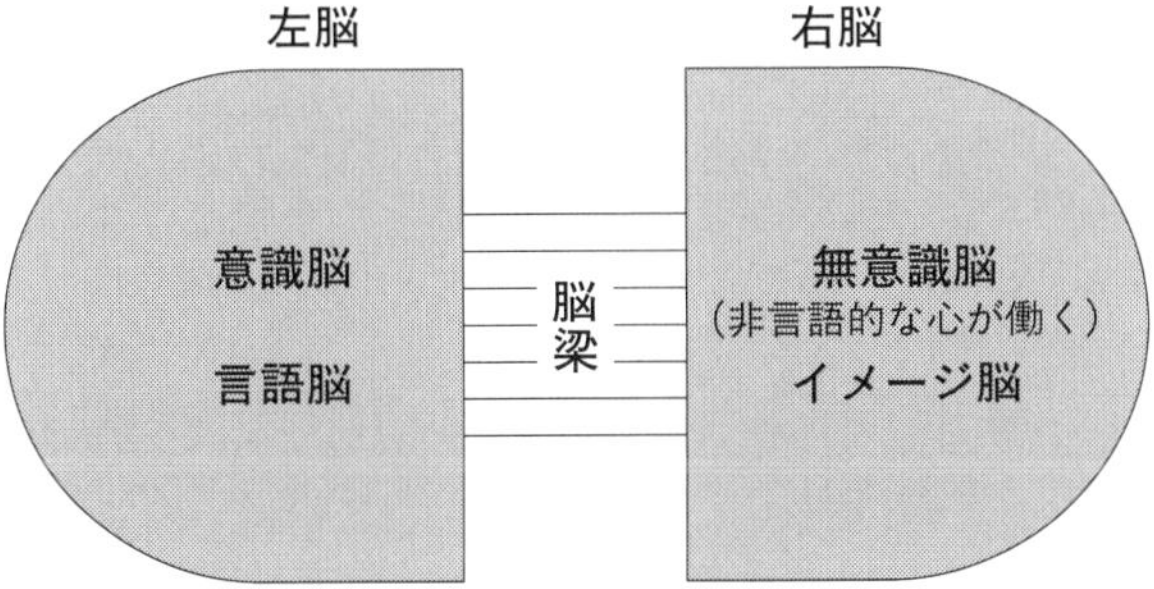

右脳の存在が知られるまで、人は主に左脳を使い、右脳には手つかずだった。

彼によって右脳の働きに光があてられるまで、世間はまだ右脳について知ることが少なく、右脳教育法というものも存在しませんでした。ブレークスリーも『右脳革命』のなかで「私の知るかぎり、右脳教育を実際に取り入れているところは、まだどこにもない」と言っています。

ロジャー・スペリー教授の同僚であるカリフォルニア工科大学のJ・E・ボーゲン博士も「これまでの学校教育は、左右ある脳の主として一つの半球体(左脳)だけを教育し、半分残したままにしている。これは高いレベルに達しうるであろう可能性をもつ人間の頭脳をそのままにしておいて、学校に行かせないのと同じである」と述べ、右側の半球体(右脳)の能力を無視したまま使わずに終わっていると指摘しています。

ところが日本では、一九八四年ごろから幼児の右脳開発法が始まっています。それは私が主宰する○歳教育研究会から毎月発行されている機関誌の同年四月号に「幼児の右脳開発法」という記事があることからもわかります。そこには、右脳の訓練法として「イメージを育てる」という項目があり、「右脳記憶訓練をする」という表記が見えます。

世界が右脳の未知なる能力に気づきはじめた一九八〇年代初頭には、まだ知られることがなかった七田式右脳教育法も、二一世紀を迎えた今日では、世界的に注目されるものとなりました。

アメリカの脳科学の権威、エドガー・ミッチェル博士は、その著『The Way of The Explorer（開拓者の道）』のなかで、「世界各地における潜在意識レベルの教育法について三〇年以上も研究してきたが、日本の教育者、七田眞の研究がとくに重要です。その成果はアメリカでも見事にあらわれています」と紹介しています。

また一九九七年には、アメリカに本部がある国際学士院の世界知的財産登録協議会よって、七田式右脳教育が「最優秀教育理論」として認定され、世界の知的財産に登録されました。また、七田の教育法は日本だけでなく、アメリカ、シンガポール、マレーシア、台湾などにも広がっており、二一世紀の新しい教育法として確かな地位を獲得しつつあります。

右脳の脳力が教育に広く活用される時代が、すぐそこまで近づいているのです。

心が開けば右脳が目覚める

人間には未知なる能力が隠されています。それは、右脳の「サイレントエリア（沈黙の領域）」と呼ばれる前頭野に秘められている機能です。

ごく最近まで、このサイレントエリアの働きは科学で解明することができませんでした。しかし、脳波測定器が開発されると、人がイメージを思い描いているとき、この部分が活発に働いていることが観察されるようになりました。

科学は一歩一歩、脳の秘密を解き明かしてくれます。これまで説明がつかず、超能力扱いされていた能力も、ほとんどが右脳に備わった機能であることがわかってきたのです。

このサイレントエリアは、いままで手つかずの領域でした。ここに刺激を送り込み、有効に目覚めさせるのが、七田式の右脳トレーニングです。

素敵なことに、そこは人への愛、一体感、協調の心をもつとよく開けるという原理が働いています。逆に、利己的であるとうまく開けません。自分だけよければいいという人には、右脳はなかなか開けないのです。反対に、心にゆとりがあり、人へのやさしい思いやりに満ちた人には、右脳は開けやすいという特徴があります。

右脳教育の基本は、心の教育です。右脳開発のカギは、やさしさなのです。

七田式教育を実践しているお母さん方、あるいは教室の先生方は、右脳教育によって子どもたちの心が育つばかりか、自分自身の心も変わっていくことを何よりの特徴としてあげています。

「〇歳教育」で子どもは伸びる

七田式教育の基本は、生まれたときから教育を始める「〇歳教育」です。

子育てで大切なのは、赤ちゃんのころから知識を教え込むことではなく、赤ちゃんの心を育てることです。

けれども、「教育」というと、すぐに「知識や技術を教えること」と解釈され、「〇歳教育」というだけで誤解されてしまうことが多いのが現状です。

「教育」という言葉を広辞苑で引くと、「教え育てること。人を教えて知能をつけること」とあるくらいですから、これはやむをえないことかもしれません。けれども教育の本来の意義は、「子どもに備わった素質を引き出し、伸ばすこと」です。

そう考えれば、「〇歳教育」がなぜ大切かがわかります。赤ちゃんは生まれながらにして無限の可能性と能力をもっています。しかし、生まれた赤ちゃんに何の働きかけもせず、手もかけず、言葉もかけずに育てると、赤ちゃんに備わっているすばらしい素質は、時と共に失われてしまいます。

そのことに気づいたいま、世界の大脳生理学者たちはそろって早期教育の大切さを訴えているのです。

一九八一年、デビッド・ヒューベルとトールセン・ウィーゼルは、脳に関する二つの重要な発見を評価されて、ノーベル生理学・医学賞を受賞しました。二つの重要な発見とは、次のとおりです。

①感覚から受け取った経験が、脳細胞に仕事を教えるのに重要な役割を果たしている。
②幼児期を過ぎてしまうと、この作業を学習する機会は失われてしまう。

ロックフェラー大学の前学長を務めたウィーゼルは、先の発見について次のようにも語っています。

これは非常に重要な洞察だ。誕生から少年時代までの間はとくに大切な期間なのである。この間に、子どもは視覚、聴覚、言語など刺激の多い環境で生活を送らなくてはならない。なぜなら、その後の人生で成長していくための基礎がここで築かれるからである。

ここにまた、ハーバード大学のアールス教授の言葉があります。

幼児期を過ぎると脳は不可逆状態になる。人生の始まりに脳の形成過程があり、この時期が終わると作業はほぼ終了する。二、三、四歳のころに基礎工事にあたる部分はほぼ完了し、その後、脳が改善されることはない。

このように、幼児期の教育の重要性は、大脳生理学者たちによって共通して述べられていることです。

全米健康研究所のフレデリック・グッドウィルは、次のように述べています。

子どもにもっと投資すべきである。私たちは幼児より年配者に一人あたり七倍もの金を使っている。しかし以前に比べ、脳の可塑《かそ》性についてはっきり理解されるようになり、膨大な資金が浪費されていることが明らかになった。

最近の研究から、適切な刺激を与えれば脳の機能に次のような変化があらわれることが証明された。

言語……母親からよく言葉をかけられている子どもは、ほとんど話しかけられない子どもより言語能力が発達している場合が多い。
教育……外国語、数学、音楽などを学習するのに最も適切な時期は一歳から一二歳までである。しかし現実には、この年齢は息抜きの時間であり、あそびの時間にあてられている。

脳の可塑性を理解するための道を切り開いた神経生理学者ピーター・ハッテンロッシャーも、「子どもの思考力・知識獲得力を向上させたいと思うなら、幼年時代がとくに重要な時期である」と言っています。

このように、脳の研究に関わった大脳生理学者や神経生理学者が、口をそろえて幼児期の学習、つまり早期教育の大切さを訴えているのです。

早期教育は心を育てる教育

一九五〇年代はブラックボックスであった脳の研究が、一九六〇年から一九七〇年にかけて大脳生理学者たちの手によって始められ、個人の受けた経験が脳の形成に影響を与えることが知られるようになって、人々は大きなショックを受けました。

というのも、それまで脳は内からひとりでに成長するものと思われていたからです。科学者たちがこの新しい確信を抱くようになるまでには、かなりの歳月を要しました。

この事実を最初に探究したのは、前出のハーバード大学教授のトールセン・ウィーゼルです。彼の功績に対して、ノーベル賞も与えられました。彼の理論はこうです。


人生の始まりが最も大切な学習の時期で、この期間に脳はごく簡単に構造を変えていく。誕生から一二歳の発育期、とくに生後三年の決定的に重要な時期は、この窓が最も大きく開かれ、脳は環境から一番貪欲に学び、思考、言語、視覚、態度、能力などの特徴の基礎が固まっていく。この時期が過ぎた後は窓は閉じてしまい、脳の基礎工事はほぼ完了する。


大脳生理学者たちは共通して、このような結論に達しているのです。彼らの言葉を拾えば、きりがありません。詳しくは『ピューリッツァー賞作家の脳科学探検』（ロナルド・コチュラック著、日本能率協会マネジメントセンター）を読んでいただくとわかります。

しかし残念なことに、日本では大脳生理学についての新しい学説が正しく伝わっていません。このことが、早期教育に対する批判の誤った根拠となっています。ノーベル賞受賞者が早期教育の大切さを訴えているのに、それさえも認められていないのです。

一般的に早期教育と呼ばれるもののなかには、よい早期教育と間違った早期教育があります。

間違った早期教育とは、赤ちゃんのころからせっせと知識を詰め込むのがよいと信じている教育で、よくメディアで批判されています。

しかし、七田で行っている「〇歳教育」は、そういう教育とは異なります。「〇歳教育」は、生まれたときから「愛情をかけて、手をかけて、言葉をかけて、ほめて育てる」こと。赤ちゃんのころから愛情をかけ、よい環境を与え、心を育てることで、赤ちゃんの生まれながらにしてもっている素質を大きく伸ばしてあげたいと願う教育です。すると、赤ちゃんの心は健やかに育ち、本来の脳力を引き出し、素質の高い、よく伸びる子どもに成長していくのです。

ところが、メディアはよい早期教育も間違った早期教育もごちゃまぜにして「早期教育は悪い」と決めつけています。それを見聞きした読者や視聴者は、早期教育そのものを悪いと受け止めてしまうのです。

右脳と左脳のバランス教育が大切

世界では二〇年以上も前から早期教育の必要性が認められているのに、なぜ日本では早期教育が非難されるのでしょう。それは親や教育者たちが、ただ知的な教育だけに目を向けて、バランスを欠いているためです。

脳を育てるには、偏った刺激だけではだめです。小さな赤ちゃんに大切なのは、「愛情をかけて、手をかけて、言葉をかけて、ほめて育てる」という基本的な態度です。子どもの心の発達にいつも目を向けて育てることが大切なのです。

ところが間違った解釈をして、愛情をかけること、手をかけること、言葉をかけることの大切さを忘れ、ただ機械的にカードをフラッシュして見せたり、テレビやビデオ、テープなどに頼った知的教育だけを行うと、子どもがおかしくなってしまいます。

七田式教育では、全人教育を目指しています。その根本にあるのが心の教育です。しつけ、食育、体育、感覚教育すべてにわたってバランスのとれた指導を行い、さらに他に類をみない右脳教育を取り入れています。右脳と左脳のバランス教育を唱えているのです。

大切なのは、何より子どもの心の発達に目を向け、身体的にも、感情的にも、言語的にも、バランスよく子どもが育つように、気配りをすること。教え込むという構えでやらないこと。成果を期待して、子どもにプレッシャーを与えないことです。

そうすれば、子どもの素質や才能はめざましく育ち、同時に生活習慣もきちんと身につけていきます。

正しい「〇歳教育」をより深く理解していただくために、七田の教室に通う子どものお母さんからいただいたお便りを紹介しましょう。

初めて七田の教室に通ったのは、娘が五ヵ月のときです。七田先生の『赤ちゃんは算数の天才！』という本を書店で目にし、興味をもったのは、娘がまだ私のお腹にいたときでした。以前、大脳生理学に興味をもち、人間は一四〇億の細胞をもって生まれてくるのに、そのうちの二〇億しか活用されていない、どうしたらそれを七〇億、八〇億にできるか、などと難しいことを考えていたものでした。

しかしこれは、右脳の使い方にあったんだと、いま子どもをもって思います。一歳半くらいから娘はよく喋るようになりました。不思議なことですが、教えなかった言葉でさえ話せるようになりました。暑いときには「あっついねェー」、重い荷物を持てば「おもいねェー」、そして私がデパートで品定めをしているときには「これいいねェー」と言葉を発します。私は「いま何て言ったの、もう一回聞かせて！」と耳を疑ったこともあります。そういえば、七田の教室では言葉のシャワーを浴び、家では毎日『フラッシュカード』を料理の合間に一秒間隔で見せていました。いまでは五〇音カードを「あった！」と言って取ります。父親はアメリカ人でそれほど娘と話すほうではないのですが、「How old are you?」と聞くと「One.」と返したり、「What is your name?」と聞かれ「M.」と答えたり。「Where is daddy?」と聞くと、「Office.」とちゃんと理解して答えているようです。

七田の教育は言葉のみならず、音、計算、音感、運動神経と大脳のすべての働きに刺激を与え、トータルによい環境を提供してくれるあそびの広場だと思っています。教材は心のこもった手づくりで、先生方の熱意も感じられ、さらに子どもの心理ご担当の先生もいらっしゃって、よくアドバイスしていただいたことにも感謝しています。

早期教育を批判する専門家や議論も度々目にしますが、私は早期教育大いに結構、大賛成です。いまだからできるのです。何も知らない二歳半までが大事、三歳になったら親の顔色を見ます。とくに言葉に関しては、大人の二四倍の吸収力があるいまこそ、どんどん入れてやるべきだと私は思います。そして物を触ったり、聞いたり、五感をフルに使い、神経回路をつくってやること。まさに七田で行っているのは、この五感をフルに使った教育です。体を動かすことは知能の発達を促しますし、一ヵ月四回にわたって繰り返し、繰り返し教えることは、幼児に興味をもたせる最良の方法だと思います。

ときには大人でも難しい漢字などが出てきますが、難しい、やさしいという大人の判断は子どもには通用しないんだなぁ！　ということも実感しました。子どもに「この道を行きなさい」と最初からレールを敷くのはよくないと思いますが、汽車が走って行けるレールに乗せてやるのも、脱線しそうになったら軌道修正してやるのも、親の責任だと思います。

七田に通って本当によかったというのが、いまの気持ちです。

Y・Gさん

子育ての基本は親子の信頼関係

子育てで一番大切なのは、「母と子の信頼関係」です。別の言葉を使うならば「母と子の一体感」と言えるでしょう。親が子どもにしっかりと愛情を伝えて育てることが基本なのです。

子育てには「楽しい子育て」と「楽しくない子育て」があります。

少し前、東京都で〇～六歳の子どもの子育てをしておられる母親を対象に、アンケートをとったことがあります。すると九〇％以上の母親が「子育てが楽しくない」と答えておられました。

なぜ子育てが楽しくないのでしょう。

子育ては本来とても楽しいものです。誰もが赤ちゃんが生まれてくることを期待し、出産を感激して迎え、赤ちゃんの成長に夢を託します。

ところが現実はというと、生まれた赤ちゃんはよく泣き、手がかかり、自分の時間がなくなってしまいます。すると、「子育ては難しい」「大変な犠牲を強いられる」「ひたすら忍耐しなくてはならない」といったマイナスの気持ちが生じ、夢や期待とは裏腹に、子育てがつらいものであると思い込んでしまうのでしょう。

ところが、少数派ですが「子育てが楽しくてしょうがない」「赤ちゃんがかわいくて仕方がない」という母親たちがいます。

こちらのお母さんたちは、赤ちゃんとの一体感を見事に育てておられるのです。子育てが楽しい母親の赤ちゃんは、にこにことよく笑い、あまり泣きません。母と子の信頼関係が見事にできあがっています。このような赤ちゃんは吸収力がよく、母親が何を教えてもよく学んでくれるので、母親にとって子育てが喜びとなります。

「楽しい子育て」と「楽しくない子育て」の差は、母親がわが子との間に信頼関係を築いているかどうかの差なのです。

では、母と子の信頼関係はどうしたら育つのでしょう。それは、子どもが親から十分な愛を受け取っているときに育ちます。

ですから、母親は子どもへの愛の伝え方を学ばなくてはいけません。子どもがよく泣いたり、反抗したり、少しも言うことを聞かないのは「親の愛が欲しい」というサインです。

子どもがそのようなサインを出したら、『八秒間の強い抱きしめ』をしてくださると、うそのように子どもは穏やかになります。子どもに十分に親の愛が伝わると、子どもは親を信頼して自分を任せます。母子の信頼関係は、親が子に上手に愛情を伝えることによって育つのです。

愛を知る『八秒間の強い抱きしめ』

子どもに愛情を伝えるために一番よい方法は『八秒間の強い抱きしめ』です。『八秒間の強い抱きしめ』とは、子どもをギュッと抱きしめて、耳元で「お母さんは〇〇ちゃんが大好きよ」と囁《ささや》いてあげること。抱きしめる時間は八秒間です。七田では、この『八秒間の強い抱きしめ』を至るところで取り入れ、母子一体感を育てるための一助としています。

『八秒間の強い抱きしめ』をすると、これまで落ち着きがなく動き回っていた子どもや、一つも言うことを聞かず反抗的だった子どもが、スッと素直になり、子育てが楽になります。

子育てで一番大切なのは、親が子どもに愛を伝えることです。親の愛がきちんと伝わっていると、子どもは落ち着いて、何を教えても吸収がよくスッと学びます。

逆に親の愛がうまく伝わっていない子どもは、親の言うことが一つも心に入らず、吸収力も劣り、進歩が見えないものです。

『八秒間の強い抱きしめ』について、教室の先生からレポートが寄せられているのでご紹介してみましょう。

私がいま教室のレッスンで一番大切にしているのは、七田先生の教えに基づく「愛を伝えること」です。具体的には、教室で『八秒間の強い抱きしめ』を行い、おうちでも『五分間暗示法』を実践してもらいます。

教室で『八秒間の強い抱きしめ』をしてもらうと、母と子のすべてが変わってしまいます。お母さんに子どもを抱いて「〇〇ちゃん、大好き」と声がけをしてもらいます。すると抱かれるのを嫌がる子や、本気で子どもを抱くことができないお母さんが、なかにはいるのです。『八秒間の強い抱きしめ』の大切さは、お話ししてもなかなかわかってもらえないのですが、ここがすべての基本。なんとかその重要性を理解してもらい、こんなに気持ちのいい抱っこがあるんだと知ってもらおうと努めました。

まず、お母さんに『八秒間の強い抱きしめ』をしてもらった後、今度は子どもたちにお母さんを八秒間強く抱きしめてもらっています。すると、お母さんに抱かれるのを嫌がっていた子どもも喜んでするのです。それだけではありません。ほとんどのお母さんが、抱っこされる気持ちよさと大切さに気づいてくださるのです。

これまで抱っこされるのを嫌がっていた子どものお母さんが「いつも抱っこしてくれと言うんですよ」と子どもの変化を報告してくださいます。

こうしてお母さんが、何も要求しない無償の愛の抱っこの重要性に気づいてくださると、自分がいかに多くのことを子どもに押し付けていたのかも、理解してくださるようになります。

こうして愛を伝えることの本当の大切さがわかると、お母さん方の子どもの受け入れ方が変わってきます。すると、子どもたちの目がキラキラ輝いてくるようになります。何事に対しても吸収がよくなるのです。

その上手な愛情の伝え方こそが、『八秒間の強い抱きしめ』なのです。

『五分間暗示法』で意識改革

『八秒間の強い抱きしめ』の他にも、強力に愛情を伝える手段として『五分間暗示法』がありま す。『五分間暗示法』は、子どもの心を正しい方向に向け、脳の働きを上手に引き出す方法です。これもまた、七田の基本的な取り組みの一つです。

寝入りばなに子どものまぶたがピクピク動いているときは、脳波がθ《シータ》波の波形を示します。このとき、子どもの耳元で暗示を入れると、入れた暗示のとおりに子どもが変わるのです。それは右脳の意識でイメージすると、イメージしたとおりに実現するのと全く同じ原理で成り立っています。

子どもにそのような暗示を入れて、子どもの人格を変えていいのかと心配されるお母さんがいますが、心配は無用です。なぜなら、子どもをよい方向に変える暗示を入れるだけですから。

ふだん、お母さんが子どもに何気なくかけている言葉も、すべて暗示だと言ったら、みなさんは驚かれるでしょうか。この場合、多くはマイナスの言葉がけ、マイナスの暗示をしています。

例えば、「遅いわね。早くしなさい」「そんなことができないの。だめね」といった言葉がそうです。親はさして気にもせず、子どもにマイナスの暗示を与えているのです。すると子どもは親のかけたマイナス暗示のとおりに、ますますグズになり、できない子どもに育ってしまいます。

こうしたマイナス暗示を消し去り、よい子に戻るための新たな暗示を入れる方法が『五分間暗示法』なのです。

もちろん、お母さんがマイナス暗示を入れたのではなく、子ども自身が「できない！　できない！」とマイナス暗示を入れてしまうケースもあります。そのマイナスを取り去ってあげるためにも、『五分間暗示法』が役立ちます。

『五分間暗示法』は、子どもの寝入りばなにまぶたがピクピクしているのを見ながら行うと効果的です。まず親の愛情を伝える暗示を先に入れておいて、その後に子どもに伝えたい暗示を入れます。「お母さんは〇〇ちゃんのことが大好きよ」と何度も愛情を伝えてから、「〇〇ちゃんはお友達と仲良くあそべるようになります」とか「水を怖がらず上手に泳げるようになります」など、入れたい暗示を入れるのです。

五分間の暗示で母親の愛情が子どもにきっちり伝わると、その翌日から子どもが変わってしまいます。

母親の愛情をきちんと受け取って育っている子どもは穏やかで、素直で、吸収力がよくて、人にやさしく、自信のある子どもに育ちます。

逆に様子のおかしい子どもは、母親から愛情をうまく受け取っていないケースがほとんどです。子どもが問題行動を示すのは、親の愛情を正しく受け取っていないからだと認識しましょう。困った様子を消し去るためには、親がきちんと愛情を伝えてやりさえすればよいのです。その一番よい方法が、愛情を伝える『五分間暗示法』というわけです。

『五分間暗示法』を実践したお母さんから、次のような感動レポートをいただいたので、ご紹介しましょう。


私が七田教育を知ったのは、昨年の三月です。小学二年生、年長、三歳の三人の子どもと五月から取り組みを始めました。

二年生の知花がぐんぐん伸びています。五分間暗示で「お父さん、お母さんのところに来てくれてありがとう。知花ちゃんは全知全能で宇宙意識を使いこなせます。カードが透《す》けて絵が見えるよ。……ほーら、見えた。知花ちゃんは、全知全能で宇宙意識を使いこなせます。『フラッシュカード』がどんどん頭に入ってくるよ。……ほーら、入った」などと語りかけ、できたイメージの暗示をしました。

暗示を始めてから二回目に「カードから絵が浮いて見えて手に取れそう」と言いはじめま

した。これが八月ごろでした。「『眼筋カード』が光で見えたよ」と言いはじめたのが一〇月の末です。それから、テレパシーあそびを始めました。

すると、初日から「ママの頭からカプセルが出てきて、パカッと開いて内から数字が出てきたよ」と当てました。その後も、スロットマシーンが回って止まったり、宝くじ式のマシーンが回って止まったり、あみだくじのような迷路を玉が上から転がって止まったりと、数字を当てた方法を教えてくれます。

手を見て「知花の手がオレンジに光っている」と、オーラ視もできるようになりました。最近は「ずっと前から、物（お皿やぬいぐるみ、ボールなど）と話ができていたのに気づいてたんだよ。いろんなことを話して、教えてくれるんだよ」と言っていました。とてもうれしくて、やったね！　できたね！　すごいね！　の毎日です。

新潟県　K・Yさん

『ドッツ』は英語で「dots＝点」のこと。一～一〇〇までの赤点をランダムに印刷した一〇〇枚のカードを使って、子どものコンピュータ的右脳計算能力を引き出す方法をいいます。

子どもたちには、こうしたすごい力が誰にでも備わっています。できるはずがないという思い込みを断ち切り、子どもたちの脳力を上手に引き出すのが『五分間暗示法』なのです。

潜在意識が人間を支配している

人間には顕在意識と潜在意識があります。顕在意識はわずか三％。残る九七％は潜在意識で、人間を動かしているのは潜在意識のほうだと言われています。割合の大きさからみれば、うなずける話です。

潜在意識にマイナスのイメージが入っていれば、人はマイナスの行動をとりがちです。逆にプラスのイメージを入れれば、その人の行動はプラスに変わります。スポーツ選手がメンタルトレーニングでよい成績を出せるのは、プラスイメージで潜在意識に働きかけるからです。

子どもをプラス思考の積極的な子どもにしたいと願うのならば、子どもの潜在意識にプラスの暗示を入れてあげましょう。それを可能にするのが『五分間暗示法』です。『五分間暗示法』は親の愛情を子どもに伝える方法であると共に、潜在意識にプラスイメージを入れる方法でもあります。

『五分間暗示法』は、寝入りばなでなければだめということはありません。子どもが寝入ってしまった後に行っても、少しも構わないのです。

では、実際にどんな言葉をかけながら『五分間暗示法』を行えばよいか、お教えしましょう。

子どもが寝入った後、子どもの体をさすりながら、次のように語りかけます。

「〇〇ちゃんはいま、ぐっすり眠っています。お母さんの言うことを目を覚まさずに聞いてね。〇〇ちゃんは寝ていてもお母さんの言うことがよくわかります。お父さんもお母さんも、〇〇ちゃんのことを心から愛しています。〇〇ちゃんは心がやさしく、みんなが〇〇ちゃんとあそぶのが大好きと言っています」

このように、みんなに愛されている子どもであることを伝えると、子どもは本当に愛にあふれ、みんなに愛される子どもとして育ちます。暗示を与えたとおりに成長するのです。

もし、子どもにESP能力（超感覚的知覚。カードを裏から透視したり、言葉を用いず自分の思いを他人の心に伝える能力）をつけたいと思うならば、「あなたはESP能力が日増しに高まります」と言ってあげればよいのです。

もし、子どもが病気をもっているとしたら、暗示でそれを消すことも不可能ではありません。実際に『五分間暗示法』で病気を克服した子どものお母さんからお便りをいただきました。

娘の手術をした小児心臓病棟では、子どもの回復を願うお母さん方によって、七田の『五分間暗示法』のことが口伝えで広がっていました。（中略）娘の言語についての診察をしてくれた言語聴覚士の先生からは「脳のCTスキャンを見るかぎりでは、全く喋れなくなっていてもおかしくない状態なのに、こんなふうに回復するとはまさに驚異」とうれしい評価をいただきました。七田をやってきて、このような結果に結びついたことを、本当に幸せに感じています。

愛情を伝えると、『五分間暗示法』は驚くほどの成果を見せてくれます。植物状態の患者でも甦らせる力が『五分間暗示法』にはあります。

左脳は顕在意識脳で、右脳は潜在意識脳です。学校教育は、すべて顕在意識に知識を覚えさせるという方法で授業が進められていますが、七田式右脳教育は潜在意識教育です。潜在意識脳である右脳を目覚めさせ、右脳の力を発揮させながらレッスンが進められます。すると、子どもたちは効率のよい脳の使い方を学ぶのです。

可能性の扉を開く右脳のイメージ力

右脳教育の特徴は、左脳の言語だけに頼らず、むしろ右脳のイメージ力を引き出し、子どもたちに活用させることです。

右脳には、左脳にはないイメージの働きがあります。左脳は言語的な思考によって、右脳はイメージ的な思考によって操作されます。左脳と右脳は、思考様式が違うのです。

左脳の言語的思考で何かをイメージしても、それが実現することはなかなかありません。ところが右脳でイメージすると、イメージしたことがそのとおり実現してしまいます。

Mちゃんという六歳の女の子の話をしましょう。

Mちゃんの通う幼稚園では、六月中旬からプールが始まります。Mちゃんは水あそびが楽しい反面、泳げないし、顔を水につけることも苦手でした。

担任の先生は、園児の励みになるよう、顔つけ一〇秒でプールカードに大きなシールを貼ってくれます。Mちゃんはシールは欲しいけれど顔つけが苦手で、だんだんプールに入る日が憂鬱《ゆううつ》になってきました。

そこでお風呂での顔つけ練習が始まりました。それと同時に、寝る前にはお母さんがイメージトレーニングをしてくれました。Mちゃんがスイスイ泳いでいる様子をお母さんがイメージしながらMちゃんに話して聞かせ、Mちゃんにも同じイメージをさせました。

するとMちゃんは、お風呂での顔つけができるようになり、一週間後にはラクラク水に潜ることができるようになったのです。

さらに、Mちゃんは泳いでいるイメージを続けました。

ある日、父親と一緒にプールに行くと、Mちゃんは「サブマリンMちゃん」と呼ばれるほど、プールのなかに潜っていたそうです。

二学期の最初の参観日はプールでした。園児たちは二人ずつプールの端から端まで、歩いてもよし、泳いでもよし、浮き輪を使ってもよしという取り組みを始めました。いよいよMちゃんの番です。

パシャンと水に飛び込むと、なんとMちゃんはバタ足で泳いでいます。プールサイドに着いたとき、先生から「Mちゃんすごい。泳げるようになったのね」とほめられて、見ていたお母さんはびっくりしました。

このように、子どもにイメージさせると、子どもはイメージしたとおりに実現してしまいます。親はこのイメージのパワーを知り、子どものイメージ力を育て、それをあらゆる学習法に応用していけばよいのです。

例えば、英語の学習にもイメージは効果をあらわします。子どもに外国の子どもになったイメージをさせて、英語を学ばせてみてください。

三歳になったSちゃんの一番の楽しみは、ごっこあそびとイメージワークです。イメージのなかでドライブに行ったり、ピクニックに行ったりするのです。しかも、そのごっこあそびはすべて英語で行います。テレビの『セサミストリート』を見るとき、Sちゃんは出てくる主人公になりきって、その主人公の喋るとおりの英語を話します。

文法やスペルを覚えるよりも、これが一番よい英語の学習法です。

暗記こそが右脳教育のカギ

右脳教育は、いままでになかった教育です。これまでの教育はすべて、左脳教育といってもよいでしょう。

左脳教育は部分から全体へ、一つひとつ理解を求め、記憶を求めながら知識を積み上げさせていこうとします。

しかし、右脳教育は逆です。理解や記憶を求めず、まず全体を与えます。全体から部分へと、左脳教育とは逆の考え方で脳に情報を与えます。

具体的に説明しましょう。

ここにアメリカの絵本作家ドクター・スースの絵本があります。この本を子どもに与えようとするとき、左脳教育の考え方では、知らない単語があり、文章も難しいので、もっとやさしいところから入らなくてはだめだと、教える側がつい考えてしまいます。

しかし、右脳教育では難易を問いません。たとえ文法や構文が難しくても関係なしに、その絵本を読んで聞かせます。いきなり過去形が出てきても問題にしません。繰り返し読んで聞かせ、全体を暗記させてしまいます。これが右脳教育の特徴です。

右脳教育の見地に立てば、ドクター・スースの絵本はどの本もやさしく、子どもにとって暗記しやすい本なのです。

ところが左脳教育の考え方しか頭にない親にとっては、ドクター・スースの本は子どもには難しく思え、もっとやさしい本を探さなくてはならないという気持ちにさせます。

右脳教育の特徴は暗記にあります。左脳教育では、暗記よりも理解が大切と考えます。この考えがどれほど学習を難しく、効率の悪いものにしていることでしょう。

左脳教育で英語を学ぶと、一〇年学んでも英語が身につきません。文法など学習させず、どんどん文章を暗記させていくと、右脳は暗記した文章から勝手に法則を見つけ、無意識に文章を編集する力を育て、書いたり、話したりする力が自然に育ちます。

その際、少量ずつではだめなのです。少量ずつは左脳法です。右脳法では大量に、しかも高速インプットすることが必要なのです。

右脳法で学習すると、子どもは簡単に大量の事柄を記憶します。そして、記憶した内容を自由に使いこなす術を学びます。

しかし、いままでの教育法がすべて左脳法であったがために、教師の側もつい左脳法で教えようとします。そして、いくら学習しても効果が上がらないという結果に陥るのです。せっかく高度に働く右脳をもっているのに、それを使わせる方法を知らず、効率の悪い左脳ばかりを使わせる左脳教育に時間を費やしてしまうのです。

右脳教育では、学習者のもつ無限の力を引き出すことができます。左脳と違って、こちらには限界がありません。子どもたちに本をピピッとはじかせるだけで、習ったこともない外国語の本の内容を理解する能力さえ、右脳には備わっているのですから。

暗記の大切さについて、『子どもが伸びるユダヤ式教育』（ミルトス）を書いた元イスラエル国連大使アシェル・ナイム氏は、著書のなかで「ユダヤ式の教育は、暗唱・反復学習を大切にする」と述べ、ユダヤの優秀児を育てる学習方法の秘密は「①狭く深く学ぶことを重視する、②反復学習を大事にする、③音読を大事にする」の三つであるとし、「聖書には子どもに早くから読むことを教えるようにと書かれている」と紹介しています。

これはとても大事な諭しです。ユダヤ人に限らず、すべての国の子どもに当てはまる教えです。右脳的な暗記学習法こそ、脳力を育てる〝基礎の基礎〟なのです。

七田で学んだ子どもたちのその後

私が幼児教育について最初に書いた本は、一九七二年に出版した『〇歳教育』でした。このころはまだ、右脳教育という考えは私にもありませんでした。

前に紹介したとおり、右脳について広く世に知られるようになったのは、一九八一年にロジャー・スペリーが右脳の研究でノーベル賞をとって以来のことですから。

当時私は「幼児教育は潜在意識教育である」と説いていました。その教育法は、私が〇歳教育の本を出してからのち、幼稚園や保育園に取り入れられていたものでした。しかし、一般の幼稚園や保育園では、十分に私の理論は生かせないと思ったことから、昭和の終わり、平成の始まりの年に七田式の教室を全国展開することにしたのです。

ですから、右脳を開くことを目的とした七田の教室はまだ始まって一六年。そのころ、四、五歳で教室に通っていた子どもたちが、いまやっと二〇歳を迎えたところです。社会に出て、その中枢で活躍しているというめざましい例はまだ数少ないのですが、それでも右脳教育理論を裏付けるうれしいニュースやレポートが私のもとに次第に寄せられるようになりました。

幼児のころ、七田で育ったT・S君は現在一九歳。二〇〇四年のカンヌ国際映画祭で上映された日本映画『茶の味』で主役を演じました。テレビ番組『3年B組金八先生』でも、級長役を務めた将来有望な俳優です。

二四歳になるS・Nさんは、現在東京大学の大学院生。心臓の研究を行っていて、幼児のころに七田で育てた写真記憶（思い出したいことが写真のように映像イメージ化して出てくる記憶）が、いまも思わぬところで役立ってくれるとレポートしてくださっています。

その他にも、音楽家として世界的な活躍が期待されている報告や、大学院に断トツの成績で合格した報告などがあります。

今年新しく入った報告には、算数オリンピック日本一（金メダル）に輝いた小学六年のY・N君、高校二年修了程度といわれる数学検定二級に合格した小学四年のS・H君、そろばん読み上げ暗算の徳島県大会で連続優勝した小学三年のY・Kさん、難関の英語検定一級に中学一年で合格したY・Mさん、漢字検定で三年連続満点をとり協会特別賞を受賞した小学三年のY・Y君、ピティナピアノコンクールで一位、二位連続入賞を果たした小学二年のK・Y君、名門の桐蔭中学に一位で入学し六年間の学費免除になった中学一年のK・Kさん、わずか六歳で全国子ども百人一首大会で優勝したY・Sさんなどがあり、各種コンクールの入賞者は限りがありません。

七田で育った子どもたちが社会で本格的な活躍を始めるのは、もう少し先のことになるかもしれません。しかし、右脳を育てた彼らの時代は、もうすぐそこまで来ているといえそうです。

第2章　世界の脳力開発最前線

脳の研究は国力を左右する

いま、世界は宇宙の研究開発と同じくらい、脳の研究開発の重要性を認め、研究費を投じています。これほどまでに脳の研究が熱心に行われている時代は、未だかつてありませんでした。

なぜ、このように脳の研究開発が重要視されるようになったのでしょう。それは「脳の研究開発が国力を左右する」と考えられるようになってきたからです。

例えば、オリンピックでの成果を見てみると明らかです。

戦後のオリンピックのメダル争いは、アメリカ対ロシア（旧ソビエト）が中心となって行われてきたといっても過言ではありません。事実、一九六〇年代のオリンピックを振り返ってみると、アメリカと旧ソビエトが一位争いを繰り広げていることがわかります。冷戦下の当時、オリンピックは国力の競い合いでもありました。

こうした状況下にあって、旧ソビエトは一九六〇年代から、オリンピック選手たちにメンタルトレーニングを取り入れはじめました。メンタルトレーニングとは、すなわち脳のトレーニングに他なりません。その効果はやがてあらわれ、一九七〇～八〇年代の成績を振り返ると、一九八四年のロサンゼルスオリンピックを除いて、旧ソビエトが圧勝していることがわかります。

なぜこれほどまでにソビエトが強いのか、アメリカは調べました。すると、勝利の陰にメンタ

戦後オリンピックのメダル獲得数

開催年 開催地	位	国名	金	銀	銅
1960 ローマ	1	ソビエト	43	29	31
	2	アメリカ	34	21	16
	3	イタリア	13	10	13
	8	日本	4	7	7
1964 東京	1	アメリカ	36	26	28
	2	ソビエト	30	31	35
	3	日本	16	5	8
1968 メキシコ	1	アメリカ	45	28	34
	2	ソビエト	29	32	30
	3	日本	11	7	7
1972 ミュンヘン	1	ソビエト	50	27	22
	2	アメリカ	33	31	30
	3	東ドイツ	20	23	23
	5	日本	13	8	8
1976 モントリオール	1	ソビエト	49	41	35
	2	東ドイツ	40	25	25
	3	アメリカ	34	35	25
	5	日本	9	6	10
1980 モスクワ	1	ソビエト	80	69	46
	2	東ドイツ	47	37	42
	3	ブルガリア	8	16	17
1984 ロサンゼルス	1	アメリカ	83	61	30
	2	ルーマニア	20	16	17
	3	西ドイツ	17	19	13
	7	日本	10	8	14

開催年 開催地	位	国名	金	銀	銅
1988 ソウル	1	ソビエト	55	31	46
	2	東ドイツ	37	35	30
	3	アメリカ	36	31	27
	14	日本	4	3	7
1992 バルセロナ	1	ロシア	45	38	29
	2	アメリカ	37	34	37
	3	ドイツ	33	21	28
	17	日本	3	8	11
1996 アトランタ	1	アメリカ	44	32	25
	2	ロシア	26	21	16
	3	ドイツ	20	18	27
	23	日本	3	6	5
2000 シドニー	1	アメリカ	40	24	33
	2	ロシア	32	28	28
	3	中国	28	16	15
	15	日本	5	8	5
2004 アテネ	1	アメリカ	35	39	29
	2	中国	32	17	14
	3	ロシア	27	27	38
	5	日本	16	9	12

※1980年のモスクワオリンピックは日本不参加

オリンピック選手養成のために、旧ソビエトがメンタルトレーニングを導入したのは1960年代。旧ソビエトに20年遅れたアメリカがその成果をあらわすのは1990年以降のことである。

ルトレーニングがあることがわかったのです。

そこでアメリカは、旧ソビエトに二〇年遅れて、一九八〇年代からメンタルトレーニングに力を入れるようになりました。その結果は一九九六年のアトランタオリンピックでようやくあらわれ、この年のメダル獲得数はアメリカが一位になりました。

このとき、アメリカは三種目を除いて、他のすべての種目にメンタルトレーニングを取り入れています。日本はというと、このときメンタルトレーニングを取り入れたのは、わずか三種目。総合成績も世界二三位という結果で終わりました。

メンタルトレーニングがまだ導入されていなかった東京、メキシコ両オリンピックでは、アメリカが一位に、日本も三位に位置していたにもかかわらず、旧ソビエトの取り組みに一歩遅れてしまっただけで、その後の成績は明らかに変わってしまったのです。

これによって、脳のトレーニングがいかに重要であるか、世界は知るようになりました。日本でも、いまやスポーツの世界ではメンタルトレーニングを取り入れることが常識となっています。その成果でしょうか、二〇〇四年のアテネオリンピックでは、日本人選手の強さが光りました。本番に弱いと評価されていた日本人選手が、並みいる世界の強豪を倒し、表彰台に立つ姿は新鮮でした。

日本のメダル獲得数も、金メダル一六個、銀メダル九個、銅メダル一二個と、過去最高のメダルラッシュ。全体の成績も、一位アメリカ、二位中国、三位ロシア、四位オーストラリア、五位日本と、久々の上位入賞を果たしました。

日本も脳力開発に力を入れ始めた

二〇〇二年六月一七日の産経新聞は、この年に入って文部科学省が脳力開発プロジェクトを始めたことを報じました。

脳科学の目的は、長い間、医療の分野に限られていました。ところが、脳を傷つけることなく脳の内部を映し出せる機器の発達によって、教育への応用が可能になり、世界各国が国をあげての脳力開発競争を始めたのです。

例えば、アメリカではクリントン政権から脳科学を国家的研究事業と位置づけ、全米科学財団もその年の予算の最重要項目として取り上げたほどです。

そうした背景があって、私のもとにも、某大学より「私どもの研究室では、国の援助を受けて〝脳力開発〟をテーマに近々国家単位の研究が進められる云々」というファックスが入りました。日本の将来を支える大事な研究なので、協力をお願いしたいという内容のものでした。

脳の研究開発は、いまや国家レベルの研究テーマです。そして、脳の開発に最も重要な時期が幼児期であることは、世界の科学者が認めていることでもあります。日本もやっとそのことに気

2002年６月17日の産経新聞

産経新聞　平成１４年(2002年)６月１７日　月曜日　１２版　1

News Watch

脳科学が教育を変えるか

「キレない」子供を育てたい」「手をかけて育てるべきか。放任か」「英語を話せるようにする方法は」。答えが見つからない問題が子供の教育には数多くある。しかし、どこかに万人の納得できる処方箋があるはず。そんな期待に「脳科学」が応えてくれそうだ。いま、文部科学省のプロジェクトが注目されている。

社会部　松尾理也

「キレない」子供に育てるには…

読み書き計算が有効

▼画像処理

脳の内部、額のすぐ後ろにあたる部分に「前頭前野」と呼ばれる領域がある。行動の抑制や情動の制御といった高度な精神活動をつかさどっていることが分かっている。つまり、「キレない」ようにするには、前頭前野の働きを高めることが重要になると考えられる。

「脳科学と教育」の分野をリードする研究者の一人、川島隆太・東北大教授は「MRI（functional Magnetic Resonance Imaging、機能的核磁気共鳴診断装置）」という機器を利用して「音楽を聴く」「数をかぞえる」といった動作・行動ごとの脳活動の状態を画像処理した＝イラスト参照。活性化している部分が一目で分かる。

「音楽を聴く」場合、クラシックでもポップスでも脳はほとんど働かず、聴覚領域（側頭葉の一部）のみが活性化していることが分かる。いわゆる「リラックスしている」状態だ。

コンピューターゲームをすると、脳は活発に動き出すが、その部分は脳の後ろの部分が中心。「目を閉じたまま明日の予定を一生懸命考えているとき」は、脳はほとんど活性化していない。「『下手の考え休むに似たり』とはこのこと」（川島教授）。

ところが、「足し算を一生懸命早く行う」と前頭前野を含む脳の広い範囲が働き出した。

「漢字を覚える」場合、読んで覚えるよりも、書きながら記憶した方が前頭前野が活性化する。「読む（黙読で文章を読んで理解しようと努める）」動作の場合はさらに多くの領域が活性化。「音読」に切り替えると、活性化領域は最大になった。

▼前頭前野

これらの結果から「読み書き計算によって前頭前野の発達が促され、結果として行動の抑制や情動の制御ができるようになる」といった意外な仮説を導くことができる。

読み書き計算が「キレない」子供を育てる。現段階では仮説にとどまっているが、川島教授は「確認できた段階で今度は、教育界に提言していく必要がある」と〝実用化〟を視野に入れている。

もちろん、「キレる子供」対策は「脳科学と教育」分野に期待されるごく一部の側面に過ぎない。

文部科学省は今年三月上旬、脳科学者に、新生児医学、分子細胞生物学、教育学、発達・認知心理学、行動生態学などの専門家を加えた計十三人の検討会議を発足させた。文部省と科学技術庁が統合されて以来、教育と科学の両分野にまたがる初のプロジェクトだ。

「脳科学と教育」。難しく、論議の分かれそうなテーマだが、プロジェクトに参加する日立基礎研究所の小泉英明主管研究長は科学者らしく、明快に定義する。

「外界からの環境刺激によって神経回路が形成されるプロセスを学習と呼ぶとすれば、プロセスを上手に設定したり、望ましい方向に誘導したりすることが教育です」

▼臨界期

学習プロセス自体が解明されてくれば、最適なカリキュラムによって、人間の隠された能力を引き出すことができるようになっても不思議ではない。これも、脳科学に対する期待の一つだ。

行動、情動の抑制可能に　〝実用化〟視野に研究

脳科学の研究史上、有名な実験がある。子ネコを縦じまだけの環境で育てると、水平（たとえば、横に転がった鉛筆）を認識できないネコになる。この実験で分かるように、一定の時期までに適切な刺激が与えられないと、特定の機能をつかさどる脳内の回路が消滅してしまう。この「ここを過ぎると取り返しのつかない一定の時期」を「臨界期」と呼ぶ。臨界期を明らかにできれば、教育が大きく変わるかもしれない。

例えば…。

学校教育でどんなに力を入れても、日本人の英語下手はほぼ定説だ。アジアの中でも最低レベルといわれながら、解決策は見あたらない。しかし英語を身につけるうえでの臨界期が分かれば、効果的なカリキュラムの開発につながる。日本人の英語コンプレックスも一気に過去のものになるかもしれない。

▼科学の恩恵

三月二十二日に行われたプロジェクトの第一回会合では「期待される具体成果」として、①幼児期の感受期の時間経過を明らかにすることで言語、算術、音楽、スポーツなどの学習に役立てられる②脳の発達障害や育児環境に好ましくない影響を特定して対策が取れる③感情制御の仕組みの研究からキレる問題の要因を見つけて対応できる—といった項目が示された。もはや、これらは単なる夢物語ではないのだ。

ただ、「脳科学が教育を変える」という夢に対し、懐疑的な見方もある。

プロジェクトでは「脳科学の成果が極端に解釈され、早期教育にそのまま適用されることに警戒する」「英語教育については、RとLを区別するといったことより話す中身が重要だ」との意見も相次いだ。

しかし、科学の進歩がもたらす恩恵を故意に無視することはできない。教育に自信や確信を持てない現代に、脳科学が指針を示せるのではないかという期待も大きい。

脳科学の科学的・客観的な研究の成果が、教育を変えることを期待したい。

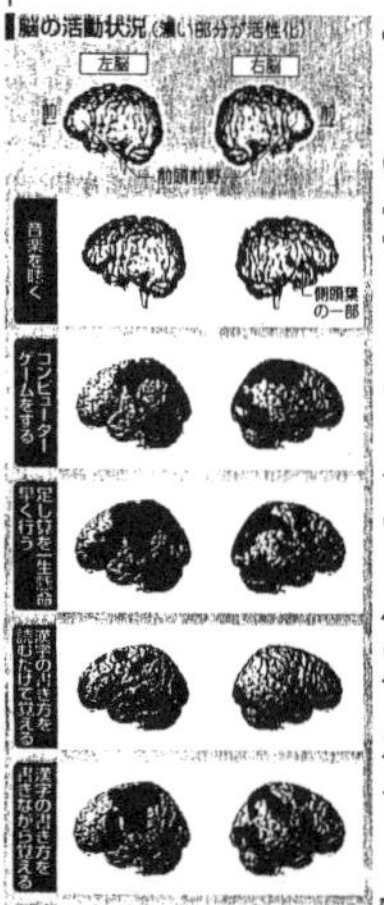

（川島隆太教授の資料をもとに作成）

「脳科学と教育」は昨年、科学技術振興事業団の研究テーマとしても取り上げられ、公募の末に三件の具体的研究がスタートしている。

公募で選ばれたのは、前頭前野の機能にかかわる東北大の川島隆太教授の研究のほか、「神経回路の発達からみた育児と教育の臨界齢」「人間のコミュニケーション機能発達の過程」の計三研究。

これらの研究を統括する小泉英明・日立基礎研究所主管研究長は「脳科学の教育への応用は、案外早い時期に実現するのでは」とみている。

小泉氏によると、脳科学の目的は長い間、医療に限られていた。ところが、被験者を傷つけることなく脳内の画像を映し出せる機器の発達で、飛躍的に学問としての幅が広がり、医療以外にロボットや脳型コンピューターの研究、そして教育への応用が現実的になっている。

教育への応用は早い時期に実現

小泉研究長は「ロボット、コンピューターと比べても、教育への応用は一番初めに実用化される可能性が強い」と話す。

その理由の一つに、研究を後押しする激しい国際競争がある。人材育成に直結する「脳科学と教育」は、国の浮沈をかけて繰り広げられる競争の現場でもある。

米国ではクリントン政権から脳科学を国家的研究事業と位置づけ、全米科学財団も今年度予算の最重点分野に位置づけている。

経済協力開発機構（OECD）のパリにある教育研究革新センターでも、平成十一年に「学習科学と脳研究」プロジェクトが発足した。今年からは日米英の三カ所を拠点に研究が進められ、各国の政策担当者との交流も予定されている。

「日立がバイオ研究に乗り出したとき、ほとんどだれも注目しなかった。いま、バイオは重要な事業として独り立ちしている。脳科学も同じような道筋をたどるだろう」

小泉氏はこう予測している。

ニュースウオッチ

2002年、文部科学省の脳力開発プロジェクトが本格的に開始したことを報道する記事。教育に確信がもてない時代に、脳科学が新たな指針を示せるのではないかという期待が寄せられている。

づき、国をあげて取り組もうとしています。

しかし、残念ながら一般の人々の認識は、まだそこまで達してはいないようです。「幼児期からの早期教育はよくない」と、事実とは逆の発言をする人たちがまだまだ大勢います。それも、脳力開発の現状や最新理論、真の早期教育の重要性を知ることもなく、そのような非難や議論が行われているのです。

しかし、惑わされないようにしていただきたいのです。そのためにも、これからお話しする世界最先端の大脳研究について、知っていただきたいと思います。

カードフラッシュの可能性

一九九五年、アラバマ大学の神経科医ブリット・アンダースンは、アインシュタインの脳の前頭皮質の一部分が、普通の人の五倍の神経密度であることを発見しました。アインシュタインの脳は神経細胞同士の結合が進み、濃い状態（肥大している状態）であったというのです。

これは、柔軟な子ども時代の環境に、脳に物理的変化を起こす刺激があったからだとされています。

私たち人間の脳は成人時の九〇%までが二歳から五歳までの幼児期につくられることが、脳科学者の間の共通の認識になっています。

この重要な時期に、子どもの知能を飛躍的に発達させる確実な方法として、アメリカの著名な脳研究者ウィン・ウェンガーは「脳の処理スピードを高める〇・五秒の視点トレーニング」を紹介しています。

ウィン・ウェンガー博士は脳力開発の世界的権威で、知能開発の研究団体として有名なピアゼ協会の創設者としても知られています。

彼は次のように書いています。

一、二歳の子どもに文字や発音を一つずつ教えようとしても無理です。教えたいなら、単語などを書いたカードを瞬間的に見せて速く読み取る練習をするのがいいでしょう。すると、目は物を見たその瞬間に最も多くの情報を記憶できるといった変わった芸当をマスターすることができるようになります。

これは、カードフラッシュの重要性を述べた言葉です。しかし、日本の学者のなかには、これに反対する人たちがいます。「早期教育は子どもの右脳を肥大させるから悪い」というのが彼らの言い分です。実際、脳の発育にとってこれは逆によいことなのに、です。

アメリカでも、カードフラッシュを取り入れたグレン・ドーマン博士の方法に反対する学者た

脳細胞の発達の様子

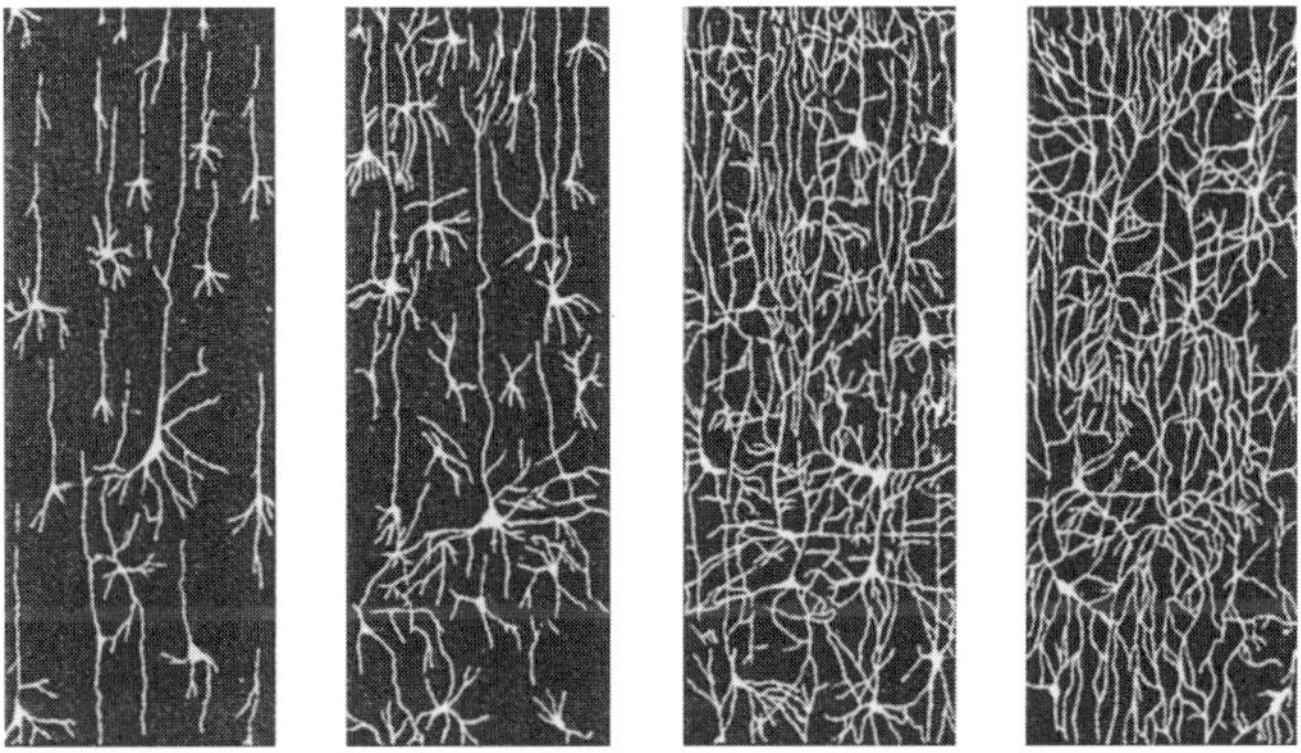
新生児　3ヵ月　15ヵ月　2歳

誕生直後から、人間の脳は外部からの刺激を受け取ることによって、神経細胞間の連絡密度を増していく。(『脳の探検』(講談社)より)

ちが大勢いました。一時は「ドーマン法は壊滅的」と言われるほどの打撃も受けました。

カードフラッシュは、知識を注入するためのものでは決してありません。カードフラッシュを行うのは、①高速脳である右脳を活性化させ、②瞬間記憶を育て、③右脳と左脳をつなぎ、④言語力を育てる(言語に障害をもった子の言語力も育てる)という四つの大きな意義があるからです。

このような真実が知られていなかったがために、これまでカードフラッシュは誤解され、非難されるケースが少なくありませんでした。

しかし現在では、ドーマン法の正当性は完全に立証されたと、ウィン・ウェンガー博士は述べています。

ただし、カードフラッシュをするうえで大切なことが一つあります。それは、ただ刺激を与える一方ではだめだということです。行動のフィードバックを伴わなければ、カードフラッシュによる脳の発育は望めないということを、忘れてはいけません。

これに関しては、カリフォルニア大学の神経学者マリアン・ダイアモンドのネズミの実験がとくに有名です。

彼女はネズミを二つのグループに分け、一群のネズミにはブランコ、はしご、足踏み車など、さまざまなあそび道具を備えた非常に刺激的な環境におきました。一方の一群は、そうやってあそぶネズミたちの様子を眺めるだけの環境におきました。

結果はどうだったでしょう。ただ見るだけの刺激を受けたネズミたちは短命で、賢く育たず、脳内神経も密には育っていませんでした。一方、実際に体を動かしてあそぶことができたネズミたち、すなわち行動のフィードバックが許されたネズミたちは、なんと三歳まで長生きし、さらに驚くべきことに、脳が大きくなっていたのです。

あそび感覚で与える学習が理想

ウィン・ウェンガーは、子どもたちにできるだけ早い時期に本を読む練習をさせようと勧めています。読み（リーディング）、書き（ライティング）、計算（アリスメティック）の三Rが脳を活性化するとしているのです。

そして、この三つのRの完全な征服者となった若き日のアインシュタインは、好運なことに、脳の発育の初期段階において、あそびという形で左脳のスキルを学んだと紹介しています。

アインシュタインは、彼の叔父さんであるヤコブが大好きでした。少年時代、彼は叔父さんから数学を学んでいました。あるとき叔父さんは、こんなふうに話しました。

「代数というのは楽しい科学だよ。名前も知らない小さな動物を狩りに行くんだ。だからそれをX（エックス）と呼ぶ。獲物を捕まえたら、それに正しい名前をつけるんだ」

この言葉は、アインシュタインの心から一生消えることがありませんでした。この一言が、アインシュタインにとっての数学や科学を、難しい問題というよりはパズルやゲームのような楽しいあそびへと変えたと言われています。

早期教育の誤解を解こう

ピューリッツァー賞の受賞作家ロナルド・コチュラックは、『ピューリッツァー賞作家の脳科学探検』（日本能率協会マネジメントセンター）という著書のなかで幼児期の学習の大切さを力説しています。この本は幼児教育にかかわるすべての人に、ぜひ読んでほしい本です。

彼はこの本を書くきっかけを、「子どもが非行に走ってしまう原因は何か、疑問をもったことである」と書いています。そして、脳の研究に足を踏み入れたコチュラックが、暴力や犯罪の増加を抑えるためにとくに重視しなければならないと説いたのは、三歳までの教育でした。

この時期に適切な刺激を受けうるかどうかで、その後の人生が変わってしまう。脳内にどのような変化が発生すると、人間は暴力を振るうようになるか。それは、子どもがおかれている劣悪な環境が、暴力を増加させている原因だ。

彼は、この結論をもって研究者たちの意見が一致したと書いています。そして、幼児期に暴力的な場面の多いテレビ番組などを見せることが、後の子どもたちの行動に悪影響を及ぼすと説明しています。

彼の著書には、早期教育が劣悪な環境をつくるなどという言葉は一言もありません。逆に、できるだけ早い時期に質のよい環境を与え、質のよい学習をさせる早期教育の大切さを、この本は大いに述べているのです。

大切なのは潜在意識レベルの研究

脳の研究で一番大切なのは、潜在意識レベルの研究です。なぜなら、潜在意識こそが、未知の部分だからです。人間がもつ未知の能力は潜在的な能力で、それは潜在意識のなかに宿っているものです。いま全世界の脳の研究者が目を向けているのは、この潜在意識能力の研究開発なのです。

人間は本来は、脳の一〇〇％を使いこなす能力をもっています。しかし、従来の顕在意識（左脳の意識）に目を向けた教育では、いくらがんばっても脳のわずか三％しか使えないことが明らかです。残りの九七％の脳は潜在意識レベルの能力で、これは深層の脳から右脳へ回路を開くとあらわれます。

人間には左脳と右脳がありますが、左脳は三次元的な目に見える世界に属しているのに対し、右脳は目に見えない四次元以上の高次元の世界に対応しています。

これまでの科学では、目に見えないものは研究対象にならないとして切り捨ててきました。しかし現在は、心とか、意識とか、目に見えないものが最も大切な研究テーマになっています。

例えば、アメリカではいま、遠くのものを透視する能力の開発が「科学プロジェクト」として学校教育に導入されています。遠くのものを透視する技術を「リモート・ビューイング（RV）」と言い、小学四年生の課題に取り上げられたりしているのです。

RVの研究は、一九七二年六月、アメリカで始まりました。アメリカの国防省が、スタンフォード研究所の協力を得て始めたものです。研究リーダーはハロルド・パック博士とラッセル・ターグ博士。超能力者として著名なインゴー・スワンの協力を得て行われました。

その目的は、冷戦時代において、精神の働き、心の働きによって、敵地に深く立ち入らずとも敵国の情報を得ることにありました。ごく一般的な兵士を、トレーニングによって透視能力者に仕立てようとしたのです。そうして、それは成功しました。

ＲＶによって透視能力者を育てるのは、さして難しいことではありませんでした。ひと月もあれば、一般の兵士でも立派な透視能力が育ち、実際に役立ったのです。

冷戦が終わったいまとなっては、そのテクニックは秘密事項ではなくなり、広く利用される時代となりました。そしていま、海外ではＲＶの習得が流行しているのです。

民間人がＲＶを習うと、どんな役に立つのでしょう。

ＲＶは波動で情報を受け取り、イメージに変えて理解する技術です。それは、右脳の能力そのものです。

七田の子どもたちは、このＲＶ能力を開いて、波動で本を読んでしまいます。こうした驚くべき現象が、現在では当たり前になっているのです。

子どもたちのＲＶ能力について、教室の先生のレポートで詳しくご紹介しましょう。

先日、六歳の女の子Ｒちゃんに、波動速読をしてもらいました。

アイマスクで目隠しをして、『タヌキさんの呼吸（息を吸ったとき、タヌキのようにお腹を膨らませる呼吸）』の後、棒になったイメージをさせて深くリラックスさせました。「第三の目に光が見えるよ」と言うと、「紫の雲が出てきた」と答えます。体を起こして、白いカバーで表紙がわからなくしてある本を手渡し、パラパラとめくらせました。目隠しをしているにもかかわらず、本から水色の光が出ていると言うので、「その光が、紫の光に変わるよ」と声をかけると、すぐに「紫に変わった」と言います。Rちゃんは深く潜在意識の内に入っていると思い、もう一度横たわらせて本を胸に抱き、イメージのなかで同じ本をパラパラめくらせました。何やらニヤニヤしたり、首を横に振ったりして、本のなかに入っている様子でした。私が「今度はRちゃんがどんどん小さくなって、小人さんになるよ。小人さんになって、本のなかに入っていくよ。五〇ページを見てきてね」と言うと、すぐに「小さくなった」と言い、「五〇ページにいるよ」と答えてくれました。「男の子と女の子がいる。何か悲しそう。こけたのかな」と言います。「周りをよく見てごらん。どんな所かな？」「寒い、寒い、暗い、真っ暗」「どんな服を着ているの？」「普通の服」「他にもいろいろ見えないかな？」「真っ暗だよ」としきりに真っ暗と繰り返すので、もうそれ以上情報を読み取ることができないのだと思い、元の姿に戻し、二人で本の内容を確認してみました。

「あっ、ここだよ、ここ、ここ！」とRちゃんが開けたページは、本当に男の子と女の子が普通の格好で、お父さんと一緒に宇宙船に乗って破壊されてしまった地球を宇宙から悲しそうに見ている挿絵が大きく描かれた五〇ページでした。挿絵のバックは真っ暗でした。

Rちゃんは情報を受け取れなくて「真っ暗」と言ったのではなく、私が適当に示した五〇ページの内容を、波動で正確に受け取っていたのです。目隠しをしたうえに、イメージ内で胸に抱いた本をパラパラめくっただけでこれだけのことができるなんて、右脳のイメージ力とは何てすばらしいのでしょう。私はレッスンをしながら感動しました。

右脳は宇宙と同調する脳

右脳は宇宙と同調する脳です。それは瞑想、呼吸、想像《イメージ》をしたときに宇宙と同調します。あるいは、反復思念をするときや、祈るときにも、同調します。

奇跡とみえる現象はすべて、右脳が宇宙と同調したときに起きます。右脳は神秘的な能力を秘めた脳です。宇宙エネルギーを取り込む力をもっていて、それをさまざまな形に変え、使いこなします。

すべての奇跡のもとは宇宙エネルギーです。右脳トレーニングをすると、人は右脳を活性化することができます。すると、宇宙エネルギーを使うことができるようになって、数々の奇跡を起こせるようになるのです。

脳波の種類

脳波の波形	周波数(Hz)	脳波
β(ベータ)波	14 〜 30	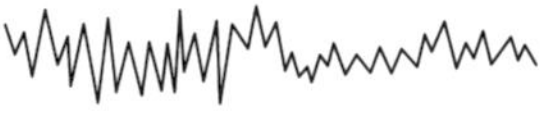
α(アルファ)波	8 〜 13	
θ(シータ)波	4 〜 7	
δ(デルタ)波	0.5 〜 3.5	

脳波が地球の定常波である7.8Hzを示すと、右脳が開く。

左脳には、そのような力は全くありません。だから右脳を呼び覚ますことが大切なのです。

右脳の脳波には、高次元の宇宙のエネルギーと同調する波長があります。瞑想や呼吸によって脳波の周波数を通常より落とし、宇宙の定常波と同調させると不思議なことが起こります。

脳の働きを高め、脳波を安定させるには、丹《たん》田《でん》呼吸（腹式呼吸）で丹田（おへその三センチほど下）に力を集約することが必要です。丹田呼吸をしながら宇宙エネルギーを光としてイメージし、光の玉が丹田に収まる様子を意識して丹田に力を集約すると、脳波は安定して地球の定常波である七・八ヘルツの周波数を示しはじめます。すると、全身の気が統一されて、疲れない体になったり、優れた記憶力を発揮したり、イメージを自由に使いこなすことができるようになります。

脳は波動で働きます。一般に脳波と呼んでいるものは、電気的な波動のことであり、脳波にはα《アルファ》波、β《ベータ》波、θ《シータ》波、δ《デルタ》波の四種類があります。波動は目に見えないので、人間は自分の本来もつ能力について知らないだけなのです。

人間の知覚能力は、現在知られている周波帯の二%以下だと言われています。残りの九八%については、ほとんど知らないわけです。われわれの周りには、まだ知られていない周波帯の領域＝波動の世界があるのです。

そして、この波動の世界には、私たちが知らない全く別のエネルギー現象があるのです。

人間に秘められた未知能力

人間の潜在意識のなかには、科学では説明できないシステムが組み込まれています。しかし、私たちはそれを知らないばかりに、このシステムを使えないでいるのです。このシステムを使えるようにするには、まず人間の潜在能力がどのようなものかを知ることから始めなければなりません。

私は日々、小さな子どもたちの驚くべき能力について、全国の教室の先生方から報告を受けています。

子どもたちはイメージで、自分の病気はもちろん、身内の人の病気までも治してしまいます。これはイメージ脳と呼ばれる右脳に、イメージで病気を治すシステムが組み込まれているからです。子どもたちは二〇〇ページくらいの本を、ほんの一〜二分で読み終えてしまいます。決して例外的な子どもたちの話をしているのではありません。一つのクラスで学ぶ子どもたち、みんなが同じ能力を示すのです。

この子どもたちに共通するのは、右脳がもつイメージ力の開発に成功したということです。人間はもともと、驚嘆すべき未知能力を右脳に秘めています。ただ、その能力はふだん使えないように脳に仕組まれているのです。

右脳は無意識脳と呼ばれています。通常の意識下では操作できないようプログラムされているだけなのです。

右脳はまた、イメージ脳とも呼ばれ、イメージしたとおりに実現する原理を備えています。ですから、イメージ力を育てた子どもに一等で走るイメージをさせれば、これまでずっとビリを走っていた子どもでも、突然トップを走るようになります。ふだん使えないように仕組まれている右脳を、使えるようにすればよいのです。

そのような隠れた能力に気づかないまま、人は効率の悪い左脳で暮らしています。左脳は、記憶力も理解力も発想力も悪く、感性の乏しい脳です。そんな脳で暮らしている自分に満足できる人は、恐らく一人もいないでしょう。

誰もが自分の未知なる能力を知り、無意識に開きたいと願っているに違いありません。この未知なる能力の開き方を知ることが大切なのです。これまでは、その方法がわからないばかりに、未知能力＝右脳能力を引き出せないでいたわけです。

未知能力を引き出す方法は、実はとてもシンプルです。①瞑想、②呼吸、③想像《イメージ》という公式を使って、ふだんは左脳の意識下にある脳の働きを右脳に移せばよいのです。

こうして右脳の意識状態に入ると、子どもたちはどんなことをするのでしょう。リストアップしてみるとこうなります。

①本を開かなくても、内容をスラスラ書き出す。
②目隠しをして、自転車を乗り回す。
③宇宙からの情報を得て、それを文章に書き出す。
④図書館にあるすべての本の内容を、図書館に行くことなく波動で自由に読み取る。
⑤複雑な計算を瞬時に行う。
⑥外国語の本の内容を、外国語を習いもしないのに、波動で読み取る。
⑦校舎の壁が透けて見え、上下、前後の教室の授業内容が一度にわかる。

⑧先生が黒板に問題を書く前に、その問題と答えが先に見える。
⑨先生がこれから弾こうとするピアノの曲がわかる。
⑩宇宙から送られてくる曲が聞こえて、作曲をする。
⑪モーツァルト、ベートーヴェン、シューベルトなどの原曲を一度聞くだけで正確に弾ける。

波動で本を読むということ

「この世のすべての物質は波動を発している」というのが、量子力学の説くところです。右脳はそのすべての波動に共鳴し、波動情報をイメージに変え、理解する働きがあります。

これが右脳の基本の働きで、この働きこそがすべての奇跡を可能にするのです。本を開かずに内容がわかるのも、目隠しをして自転車を乗り回すのも、宇宙から情報を得てそれを文に書き出すのも、すべて右脳が波動で情報を得て、イメージに変え、理解するからです。

二〇世紀の偉大な霊能者といわれたエドガー・ケイシーは、二一歳のとき、ふとしたきっかけで自分が催眠状態に入ると透視ができることを発見しました。催眠に入ると、他人の病気を診断したり、治療法を教えたりすることができました。彼は催眠によって深い意識に入ると、宇宙意識に心の波長を合わせ、宇宙から情報を得ることができたのです。彼はまた、本を手にしただけでその内容を逐語《ちくご》的に引用することができました。彼は深い催眠状態に入ると、一二ヵ国語以上を操ることもできたといいます。

これまで、このような芸当は、凡人である私たちにとって縁遠い話と思われてきました。ところが、子どもたちは、①瞑想、②呼吸、③想像《イメージ》の手続きをとって、左脳から右脳の意識状態にシフトすると、たちまちケイシー同様に波動で本の内容を読み取ったり、外国語を理解したりするのです。

次のレポートをご覧ください。

イメージトレーニングによって潜在能力を開花させたU君とS君の二人は双子の兄弟ですが、学校の教科書を一度読んだだけで簡単に覚えてしまったり、連絡事項などはメモを取らなくても目をパチパチするだけで写真記憶してしまい、記憶した内容はいつでも写真となって出てくると言います。

小学一年生のある女の子は、最近目を動かさずに五冊でも六冊でもパッと読み飛ばしてしまい、母親が「もっとゆっくり読まないとわからないでしょう」と言うと、「字が勝手にパッと目に飛び込んできてわかるの」と言います。彼女もイメージトレーニングの結果、波動で情報が受け取れるようになったのです。

このように、①瞑想、②呼吸、③想像《イメージ》の手続きで潜在意識に入ると、波動で情報を受け取ることができるようになります。私たちの頭脳はラジオ受信機と同じで、スイッチを入れ、ダイヤルをθ波（およそ五・四ヘルツ）に合わせると、宇宙のあらゆる波動とチャンネルを合わせることができるのです。

また、私たち一人ひとりは、見えない世界の光（オーラ）を発しています。光には、左脳で見る光と、右脳で見る光があります。左脳の光は目で見えますが、右脳の光は目に見えません。トレーニングで右脳の光を見る能力を開ければ、波動情報が得られる頭脳になるのです。

右脳教育の驚異的な成果

右脳には、左脳にはない「イメージ」と「完全記憶」の働きがあります。右脳教育が左脳教育と違って驚異的な成果を生み出すのは、この二大柱のお陰です。

まず、イメージはどのように右脳教育で使われるのでしょうか。

右脳教育では、レッスンの初めに必ずプリレッスン（レッスン前のウォーミングアップ）を行います。これを行わないと、右脳教育にはなりません。プリレッスンは、①瞑想、②呼吸、③想像《イメージ》の手順で行います。瞑想と呼吸で意識を左脳から右脳にシフトさせた後で、これからしようとすることが完全にできるイメージを行い、学習を始めるのです。すると、イメージどおりにうまくいきます。

なぜこのような現象が起こるかというと、人の意識が左脳から右脳へ移ると、右脳の世界でイメージしたことが、イメージしたとおりに展開するという大きな原則が働いているからです。スポーツをするときも、音楽を演奏するときも、学習するときも、すべて同じです。子どもたちはプリレッスンをすることによって、人間の脳に組み込まれた潜在能力を豊かに汲み出せるのです。

この手続きを省くと、ふだんのままの意識、つまり左脳の意識で学習することになるので、たいした成果が得られません。

教室の先生のレポートを紹介しましょう。

今年、和歌山県では向陽高校という有名な高校に中学校ができ、二年後にはもう一つの有名校、桐蔭高校で小学校ができるのですが、その試験というのが、まるで七田教室の小学部のテキストをそのままもってきたような内容だったので、お母さんたちは驚いています。受験戦争が激しい地域にあって、なかなかお母さんたちに右脳教育を理解してもらえなかったのに、次第に右脳教育がわかってもらえる時代になってきたことを、本当にうれしく思います。

教室には兄弟で入室し、長く続けてくれている子がほとんどで、何かをするときには必ずイメージをしてから始めるという子が多く、私立の入試でもトップクラスで全員が合格するという状態がずっと続いています。イメージしたことがよいことであれば、必ず実現できる子どもたちが、たくさん育っています。

M・U先生

次に、右脳教育のもう一つの大きな柱である完全記憶についてお話ししましょう。

七田では、『イマージェリー』という教材を使って、一〇〇〇コマの言葉を完全記憶する取り組みが行われています。教室の先生のレポートを紹介しましょう。

今年、小学三年生になる子どもたちのクラスを受けもっていますが、このクラスからさまざまな分野で成果を発揮する子がたくさん出ています。そのうち、ほとんどの子が一歳半くらいから七田式右脳教育を始めています。

Cちゃんは暗唱の名人で、暗唱文集の読破（すべて暗唱）を目標に一ヵ月一冊のペースで覚えてしまいます。「漢文編」「古典編」「近代文学編」すべて覚えていて、他の子の暗唱テストを横で聞きながら、「〇〇ちゃん、△△と□□が抜けていたよ」と本を見ているわけでもないのに教えます。私が間違えて読んだりすると、「先生、そこは○○だよ」と教えてくれます。時間があれば、五つでも六つでも自分の暗唱を聞いてほしいようです。

学校でも国語の教科書は一〜二回読むと覚えてしまい、理科や社会の教科書も丸暗記しているので、いつもテストの点がよいそうです。

右脳教育をすると、左脳の教育では引き出せないような能力を子どもたちは示します。教室の先生からのレポートには、右脳教育によって未知なる能力を育てた子どもたちの様子が驚きをもって報告されています。

日本史を高速学習すると、スピードに慣れて覚えやすいそうです。プリントを見ると、答えが聞こえてくるのだと言います。小三の子も、江戸までのキーワードをすべて覚えてしまいました。

M・H君の脳はさらに進化したようで、六倍速でも、二〇倍速でもスピードをコントロールできると言います。実際に『イマージェリー』を唱えてもらうと、本当に一〇倍速より八倍速のほうが遅くなっていて、自分でコントロールできているようです。

『かな絵ちゃん』（『フラッシュカード』の一つ）を高速フラッシュして、見えたものを速く言わせる訓練をしていきました。すると記憶がつながりはじめ、「頭のなかにテレビが出てきて教えてくれる」という子や、画像が出てくるという子、口から勝手に言葉が出てくるという子など、ぞくぞく効果があらわれはじめました。こうして記憶の扉が開かれると、かけ算の三四×四三も答えが上から降ってくるように見え、テキストを見なくても言える子が出てきています。

七田で学ぶ子どもたちの母親からも、驚きと喜びの声がたくさん寄せられています。その一部をご紹介しましょう。

娘は二歳より七田のお世話になっています。転勤で四回も小学校を転校しましたが、気立てのやさしい子で、どの学校でもすべての学科でトップクラス、中一になったいま、みんなが塾へ通うなか、部活でろくに時間も取れないのにオール五の成績を保っています。陸上部の先生の熱烈な要望で陸上部に入り、音楽や美術などのイベントにも必ず選ばれます。

自閉症の傾向が強かった息子Hも七田で急速によくなり、年長になったいまでは友達がたくさんできて、明るく活発なやんちゃ坊主に育っています。障害のひどかった子がいまは暗記ものは言うに及ばず、理解力も増し、算数の応用も教えないのにスラスラ解いています。習っているピアノやそろばんの先生も「頭がすばらしくいい」とほめてくださいます。七田先生のご指導を一つひとつ親子で迷いなく実践してこれたお陰だと実感しています。つらいときは教室の先生の「どのお母さんもがんばっているのですよ」という言葉を思い出し、続けてくることができました。

第3章　右脳教育は〇歳から始めよう

子育ては胎教から始まる

子育ては赤ちゃんが生まれてから始まる、と考えている人がまだ多いようです。でもこれは誤りです。なぜなら、胎児は人間の一生のうちで一番の能力者だからです。

妊娠三、四ヵ月の胎児が、母親の思うこと、考えることすべてがわかるというと驚かれるかもしれませんが、これは事実です。

遺伝子の研究が進んで、人間の遺伝子について、すごいことがわかってきました。人間の知力は頭脳にあるのではなく、細胞にあるというのです。

人間は細胞の塊で、体重六〇キロの人で、約六〇兆個の細胞をもっています。この細胞の一つひとつに、例外を除いてすべて同じ遺伝子が組み込まれているのです。スタートはたった一個の細胞（受精卵）ですが、一個の細胞が二個に、二個が四個にと、倍々に分裂が繰り返していって人間ができあがっていきます。その細胞一個一個に知性があるというのです。

思考も行動も脳の指令によって行われていると考えられてきましたが、脳が実際にコントロールしているのは細胞や細胞間のネットワークであり、細胞の働きそのものは遺伝子の指令によるということが明らかになりました。私たちは「人間の能力の根元は脳ではなく、細胞がもつ遺伝子の働きによるものである」と認識を改めなくてはなりません。

一つひとつの細胞に知性があると知れば、妊娠初期の、脳がまだ未完成な状態の胎児にもすべてがわかると理解できるでしょう。

実際に、超音波診断装置に映った胎児に母親が「動いてみせて」と言うと動いたり、堕胎のために掻爬《そうは》手術をしようとすると胎児が奥へ奥へと逃げていく姿が見られるなどの報告があり、胎児の知性が感じられます。

遺伝子にはすべての病気を消す力があります。また、胎児の細胞の遺伝子は、一生のうちですべてがONになっている特殊な状態といえます。

つまり、胎児は遺伝子情報をすべて使いこなすことができ、すべての病気を治してしまう力をもっているのです。だから私は、胎児が一生のうちで一番の天才だと言うのです。

そこで私は妊婦さんたちに、おめでたとわかったら、「健康で生まれてね」「生まれるときは自分の力でスルッと生まれてね」と、少なくとも二つのお願いを胎教でしてみるように勧めています。そして、もし胎児に病気が見つかったとしても、胎児はみずからの力で治すことができるということをお教えしています。

実際に、胎児が自分の病気を治して生まれたり、母親の病気や不調（子宮筋腫、つわり、切迫流産など）を治してくれたという報告をいただいています。

胎教というと、胎児期から知識を教え込むことと受け取られがちですが、そうではありません。教育とは知識を教え込むことではなく、もって生まれた能力を全開にして使えるように育てることだと考えてください。

胎教をすると、胎児のころから母親の愛情を十分受け取ることができ、性格が穏やかで、泣くことも少なく、吸収力がよくて、記憶力の優れた赤ちゃんが生まれます。

子育ての目標は、心身ともに健康で、豊かな人間性と優れた能力をもち、社会に貢献できる子どもに育てることです。生まれてから始める子育てでは、子どもの心の働きを知らないまま、母親が子どもの心を傷つけてしまう可能性があります。だから私は、母親は胎教から始まる子育てを学ぶべきだと思うのです。

胎児は感じる力だけでなく、学ぶ力、記憶する力をもっています。しかし、私が大切にしたいのはそこではありません。胎児の心の成長に目を向けた胎教なのです。

胎教が奇跡を生む

胎教をすることで実際にどんなことが起こるのか、胎教を実践したお母さん方からのレポートでご紹介しましょう。

三月一二日に武生商工会議所で七田先生の講演を拝聴しました。その話のなかで、胎児が流産しそうになっても助けてくれるという話がありました。

実は、次の日の一三日に私は出血したのです。とても元気がよかったので、子どもを連れて公園に行きました。少し無理をしたのか、帰りの車のなかで下腹が少し痛みました。帰ってみると下着に血がついていました。上の子のときも出血して入院した経験があるので、「今回も入院になったら困るなぁ」と家で横になりながら午後からの検診を待っていました。

そのとき、先生の話を思い出してお腹をなでながら「赤ちゃん、ママが無理してごめんね。赤ちゃんには自分で治すすばらしい力があるのよ。昨日、七田先生のお話を赤ちゃんも聞いたでしょう。出血した原因の場所を治してね。あとで病院に行くけど、お医者様に大丈夫と言われるように治してね」と何度も頼みました。

そのお陰でしょうか。検診では「子宮もきれいで、出血の原因は見当たりません。流産の心配はないですよ」と言われました。胎児の力は本当にすごいですね。

現在はつわりがあるため、上の子の相手をしてあげることがほとんどできませんが、上の子を連れて外出するときは、いつもお腹の赤ちゃんに「ママを助けて楽にしてね」とお願いします。すると、ひどいつわりもなく、無事に用事を済ませて帰ってこられます。本当にお腹の子は私を助けてくれるとてもいい子です。

滋賀県　M・Yさん

私の妊娠は、喜びと同時に不安のスタートでした。

「赤ちゃんに十分栄養がいかないため、流産の恐れもあれば、お腹のなかで死んでしまう恐れもある。ある程度大きくなっても、小さめの赤ちゃんだろうね」と言われていたのです。

七田先生の話を聞き、正直いって半信半疑だったのですが、お腹の赤ちゃんに「元気で生まれてね」と頼んでみることにしました。

医師から「二〇〇〇グラムあるかないかの小さな赤ちゃんだね」と言われていたので、「三日後の検診までに二三〇〇グラムになってね」とお腹をさすりながらお願いしました。

すると、本当に次の検診で推定体重二三〇〇グラムと言われたので驚きました。

また、その後「子宮と胎盤の状態がよくなく、予定日より出産が遅れそうなので、薬を使って積極的に生ませよう」と言われ、入院日が決まってしまったことがありました。

けれど、私は陣痛促進剤など使わずに自然に生みたかったので「予定日より早めに生まれてね。体重も二五〇〇グラム以上で生まれてね」とお腹の赤ちゃんに頼みました。

すると、予定日の前日に、二七三二グラムで元気よく生まれてくれたのです。先生も看護婦さんも驚いていました。検診のたびに小さい小さいと言われていたのに、思った以上に大きく生まれてくれました。

山口市　M・Mさん

子どもたちの胎内記憶

右脳は細胞で受け取った波動情報を、目に見える形（イメージ）に変えて見せてくれます。だから、胎児はお腹のなかにいても、パパやママの顔が見え、外の景色がわかるのです。

子どもが三歳になったころに胎内記憶を聞くと、「お腹のなかにいて外の景色が見えた」と話してくれることがよくあります。

子どもの胎内記憶について、あるお母さんがこんなレポートを書いてくださいました。

　先日、卵からひよこがかえる二一日間を描いた『卵とひよこ』という絵本を子どもと一緒に読んでいました。すると、その一ページ目にある「人間も犬もひよこも、最初は魚のような形をしていました」というところで、子どもが突然「萌ちゃんもこんなふうだったの？」と問いかけてきました。

　そのときのやりとりは、こんなふうでした。

「そうよ。お腹のなかにいたときのこと、覚えてる？」

「うん、覚えてるよ」

「何か見えたの？」

「えーとねえ、電車と地下鉄」

「あとは何か見えたの？」

「うんとねえ、パパが見えた」

実は子どもがお腹にいたとき、病院に行くのに地下鉄を通り、電車に乗って通院していました。また、主人はよくお腹に耳をつけて、まだ名前のないわが子に「ももちゃん」と仮の名をつけて話しかけていました。

突然、娘がお腹のなかの話を始めたので、私も調子にのって生まれたばかりの娘のビデオを見せました。すると娘は「あっ、ももちゃん」と大きな声ではっきり言ったのです。これには私も本当に驚きました。

「えっ？」と聞き返すと、娘は照れて「萌ちゃんだね」と言い直しましたが、こんなことって本当にあるんですね。

それからというもの、パパの帰宅時間を当てたり、義兄の子どもの性別を前もって当てたりと、ただびっくりの連続です。

福島県　H・Mさん

胎児のこのような能力については、世間にはまだよく知られていません。ここから理解が始まり教育が変わってくると、子育てはいままでの様子とは全く違ってくるでしょう。

胎内記憶で母子一体感が甦る

これからお母さんになられる方は、子育てをぜひ胎教から始めてください。そして子どもが三歳になったころ、胎内記憶を聞いてみてください。どの子も、たいてい胎内記憶をもっているものです。とくに胎教した子は、胎内記憶をよくとどめています。

これまでは、子どもが胎内記憶をもつなどと誰も信じていなかったので、子どもに胎内記憶を聞く習慣などありませんでした。

ところが、胎内記憶を消さずにいる三、四歳の子どもたちに、胎児期の記憶を尋ねると、多くの子どもたちが語ってくれることが知られるようになりました。そして、多くの親たちがわが子に胎内記憶を尋ねることが一般化してきました。

それでは次に、胎内記憶が子育てにどんな影響を及ぼすのか、あるお母さんからの手紙で紹介しましょう。

　子どもに胎内記憶について尋ねたときのことです。

「お母さんのお腹のなかは暗かったよ。Sちゃんね、ダンスをしたり、ジュースを飲んでプハーッて吐いたりしてたの」と話してくれました。

生まれたときのことは「お母さんが早く生まれてきてって呼ぶから、滑り台を滑って頭からヌッて出てきたんだよ」と言いました。

本当に胎内記憶ってあるんだと驚きましたが、お母さんが呼んだというところに、もっと驚きました。思い当たることがあるんです。

私は妊娠を知ったときから、出産が怖くて仕方がありませんでした。

そんなとき七田先生の本と出会い、安心して出産が待てるようになりました。そして、お腹の赤ちゃんに「お母さんは痛いの嫌だから、陣痛は痛くしないでね。すぐにスポッと生まれてね。生まれる日はお父さんのいる休日にしてね」と虫のいいお願いをしていました。

実際、陣痛は八分間隔で、病院へ入院するときでも痛みは生理痛ぐらいでした。時間がたつにつれて痛みも強くなりましたが、痛みがピークに近づくころ、「お願い。早く生まれてきて！」と心のなかで叫ぶと、突然目の前にレントゲン写真のようなものが見え、目の前の黒い塊がググッと下のほうへ動くと同時に、お腹の赤ちゃんも下に降りていくのが感じられました。その後、分娩室へ行き出産となったのですが、自分勝手な母の願いをすべて叶えてくれました。

それなのに、私は自分一人でがんばって生んだような気でいたのです。本当は子どもと協力し合って出産していたのに。

高槻市　T・Tさん

子どもに胎内記憶を聞いた後、にわかに母と子の間でテレパシーを使って心が通じ合うようになったという例証がいくつもあります。Ｔ・Ｔさんも、その後、母子の間でテレパシーが通うようになり、波動の力に驚いておられます。

胎内記憶を子どもに語らせることで母と子の一体感が甦り、それ以降、心と心の会話であるテレパシー能力が開けることがよくあるのです。

テレパシーは世界共通の原質言語

テレパシーはごく普通の右脳の能力で、最もプリミティブな原質言語です。それは波動言語といってもよいでしょう。

右脳には、波動に共鳴して情報を受け取る機能があります。そうして、それをイメージに変えたり、言語に変えたりする働きがあるのです。

子どもたちは本をピピッとはじくだけで、波動でその本の情報を受け取り、イメージに変えて理解する力があります。これを「波動速読」と言っていますが、本が伝える波動情報を細胞で受け取り、右脳でイメージに変えているのです。

その際、波動で原質言語として情報を受け取るので、それは何語であっても全く構いません。

波動情報は細胞で受け取るものなので、目とか耳とかいう感覚器の働きは必要としないのです。視覚が働かなくても見えるし、聴覚が機能しなくても聞こえます。

それが、これまでの左脳教育の考え方と違うところです。これまでの考え方では、目が見えなければ視覚情報は得られず、耳が聞こえなければ音声情報は受け取れないと考えます。

しかし右脳教育では、細胞一つひとつが波動情報を受け取り、それを右脳の働きでイメージに変えて理解するので、感覚器の働きは必要としないのです。だから、目隠しをしても字が読めたり、景色が見えたり、速読ができたりするのです。

フランスの作家ジャック・リセイランは、盲目《もうもく》の作家です。彼は『そして光があった』という自伝のなかで次のように書いています。

自分は幼児のころ事故に遭い盲目となったが、見たいものが普通に見える。周りの人は盲目はものが見えないことだと言うが、実際に見えるのに、どうしてそんなことが信じられるのだろう。

左脳の能力しか知らない人にとっては、荒唐無稽な話に聞こえるでしょう。しかし、波動の理論、右脳の理論がわかる人には、ごく当然にありえる話なのです。

七田教室の子どもたちに目隠しをし、絵本のなかに入ってその情報を取ってこさせ、絵を描かせると、どの子も正確に絵本どおりの絵を描き出します。

彼らは本の情報がテレパシーで耳に聞こえると言います。仮にその本が外国語であっても、日本語に翻訳されて聞こえると言います。あるいは英文の下に日本語訳がイメージとなって出てくると言います。

脳には驚くほどの能力が内蔵されていて、開発を待っているようなのです。子どもたちによると、波動によって伝わる情報パターンは幾とおりもあるということです。

ヨガの行者ゴーピ・クリシュナは次の言葉を残しています。

私は一七歳のときから毎日瞑想を行い、二〇歳よりクンダリーニとチャクラの開発を目指した。だが、まだ奇跡は起こらず、四六歳のときに奇跡的な才能の開発を見た。

そのとき、瞑想を始めて二週間すると使える言語が変わってきた。カシミール語に代わって英語が使えるようになり、二、三日するとウルドゥー語が頭のなかから溢《あふ》れ出てきた。それだけではなかった。ドイツ語、フランス語、イタリア語、サンスクリット語、アラブ語が次々と歌の形で頭のなかから湧き出してきた。それを発声するだけでなく、文字で書くこともできた。

どうも子どもたちの頭のなかには、彼と同じ能力があるようです。人間には本来そのような未知の能力が隠されているのに、知らないから使えないだけなのです。あるいは、小さいころに引き出すべき能力なのに、大きくなってから引き出そうとするので難しいのです。

胎児は天才です。赤ちゃんも無限の可能性を秘めています。この時期をもっと大切に考えるべきなのです。

そして、その力を引き出すには、テレパシー（原質言語）の能力を磨くとよいのです。

胎児期のトラウマを取り返す

妊娠中、母親が胎教の大切さを知らないまま、つい「こんなひどいつわりがあるのだったら、赤ちゃんなんか欲しくなかった」などとお腹の赤ちゃんを否定するような意識をもつと、胎児はテレパシーでそれを感じ取り、「自分は否定された、望まれていない」と悲しい思いを抱き、トラウマを抱えて生まれてくることがあります。こうした赤ちゃんは、生まれてからもよく泣いたり、お母さんの言うことを聞かなかったり、警戒心が強く友達ができにくかったりと、難しく育ってしまうケースがあるのです。

しかし、このような子どもの心の傷（トラウマ）を消すことはできます。七田では、その方法を『抱っこ法』と呼び、実際に教室でも取り入れています。

子どもの心には無意識時代に感じた悲しみや怒りが巣くっています。これをトラウマと言いますが、これらマイナスの思いは、たいてい母親に対する愛情の不満であることが多いのです。

これを引き出し、母親が心から謝ることで子どもの心の傷を消し去るのが『抱っこ法』です。子どもが母親に心を開けるようになると、母と子の一体感が得られ、健康な心を取り戻すことができるのです。

『抱っこ法』は次のように行います。

まず取り組む前に、お母さんは無意識時代（胎教時代、生まれたとき、生まれてから三歳くらいまで）に子どもに悲しい思いをさせたのではないかと思われることについて、心当たりを箇条書きにしておきます。

そして、母も子もゆったりしているとき、例えば夜寝る前などに、子どもを抱き、体をなでながら「今日はお母さんに〇〇ちゃんの気持ちを話してね。ずっとがまんしていたことを全部言ってね。お母さんがなぐさめてあげますからね」と、やさしく語りかけます。さらに「嫌なことがたくさんあったね。どんなことが嫌だったの？　何がつらかったの？」と尋ねて、子どもの悲しい思い出を聞き出すようにするのです。

反応のない場合は、準備しておいた箇条書きをもとに、心当たりの出来事を一つひとつあげていきましょう。すると、当たっているところで子どもは大声で泣き出し、反応を示します。泣きはじめたら、「しっかり泣いていいのよ。そう、悲しかったのね。あのときはお母さんが悪かったわ。ごめんなさいね」などと謝ってください。

すると、ますます大声で泣き出すでしょう。ときには、これまで聞いたこともないような悪態をつき、母親を叩いたり蹴ったりすることがあるかもしれません。それでも離さず抱き続け、謝り、なぐさめ続けます。

こうして子どものなかに巣くっている悲しみや怒りの感情をすべて吐き出させます。原因は一つとは限りません。すべてを聞き出し、それについて謝り、なぐさめ抜くと、だいたい五〇分もすれば頂点を超え、ふと弛緩すると疲れ切って静かになるか、眠ってしまいます。

これで『抱っこ法』は終わりです。どんなに暴れて嫌がっても、最後まで抱き続け、なぐさめ抜くという姿勢が大事です。この方法で心の傷（トラウマ）を消し去ると、子どもは急速に変わって、とても穏やかな子どもになります。

子どもは本来、たいへん素直な心をもっています。それが何かしらの歪みによって、頑固で反抗的になったりしてしまうのです。それを正すことができるのは愛情です。『抱っこ法』による母親の愛情で心が正された子どもは、見違えるほど素直になって明るく顔を輝かせはじめます。

日常生活においても、怒り、悲しんでいる子どもは、まず抱き上げることです。そしてなだめ、なぐさめてやらなくてはなりません。昔から母親が子どもにしてきた「抱っこ」は、互いの心がおのずと求める癒しの行為だったに違いありません。子どもが何かを望み、泣いて感情が混乱しているときは、わがままが始まったと冷ややかに見てはいけません。そのとき、子どもは心からのなぐさめを望んでいるからです。

かなえてあげるわけにはいかないことを、がまんさせ、諭すことは、これまたとても大事なことです。それとは別に、泣いてやまない子どもは、抱き続けたり、別の場所に連れて行って気持ちをそらせるなどして、感情処理を助けてあげることが大切なのです。

こうした母親の理性的な判断と温かい愛情あふれる抱っこにより、子どもは歪みやしこりを心に蓄積させることなく、真っすぐに育っていくのです。

未知なる能力基地が右脳にあった

右脳は、左脳とは全く別の機能をもつ脳です。

人間はこれまで左脳ばかりを使い、左脳という単一の器官で人の知的能力は十分足りていると信じてきました。いまでも、まだそう信じている人たちがたくさんいます。言葉で説明のつかない非言語的（ノンバーバル）な右脳の働きを認めようとしないのです。

この人たちは、子どもの現実を知らない人たちです。毎日そのような能力を示す子どもたちに実際に会うことがないので、自分たちの狭い見聞のなかで頑《かたく》なに狭い自分の体験にしがみついているだけなのです。

右脳は宇宙の波動情報を受け取ることができるサイキックな脳、超時空の働きをする高次元な脳です。目でその働きが見える三次元的な左脳と違い、右脳の働きは目に見えないので、これまで何かの因縁で触発されることはあっても、病理的なものとして危険視され、日常の能力として受け入れられなかったのです。

東京のI・Eさんは、子どものころから何か思うと目の前にその情景がはっきりとカラーで見えたといいます。その体験を親や兄弟、学校の先生や同級生に話すと大変でした。うそつきと呼ばれたり、精神病と疑われて病院に入れられそうになったりしました。そのように、はっきり幻覚が見えるのは精神病の特徴とされているからです。

しかし、彼女にとってそれは幼児のころからの日常体験でしたから、人には言わず密かにその能力を使って過ごしていたのです。

やがて彼女は、目の前にイメージで浮かんだことが実現するのを体験するようになりました。「子宮ガンですよ」と言われたときも、それが治るイメージをして、実際にガンを治してしまった体験をもっています。

結婚して子どもができ、その子が心臓に孔《あな》が開いていると医師に言われたときも、イメージでその子の心臓が治っているのを見ました。すると、本当にそれだけで子どもの病気が治ってしまいました。

学校に通っているころは、テストがあらかじめイメージで見えるので、すべて一〇〇点でした。でも、自分のそのような能力が右脳の働きによるものとは知らずにいたので、自分の能力を使うことを半ば危ぶみながら、他言を避け、みずから使わないようにしてきたのです。

彼女は数年前に私が著した『超右脳革命』(総合法令出版)という本を読み、はじめてそれが右脳の能力であったことを知りました。そして、自分は病的な人間ではないのだと知り、手紙をくださったのです。

ノストラダムスの予言の解読書を書かれた池田邦吉さんも、ほぼ同じ体験をおもちの方です。池田さんは、学校で授業を受けるとき、教室の壁が消えて、いっぺんに三つの教室の授業がわかるという体験をしてこられました。テストのときは、学習したことがすべて記憶としてイメージで出てくるので、つねに一〇〇点でした。

しかし、それが右脳の能力であり、すべての人に普遍的な能力であるとは知らなかったので、学生時代に家庭教師についた生徒には普通の人と同じ左脳的な学習法をさせ、右脳の能力を使わせることはできませんでした。ほんの一四、五年前まで、右脳学習法は存在しなかったのです。

一九八〇年に『右脳革命』を書いたブレークスリーも「私の知っているかぎり、右脳の開発を目的としている教育は知らない」と述べています。七田式幼児教育は、その知られざる右脳教育法を開発して実践しているのです。

脳の三重構造と連絡回路

脳の研究は一九九〇年代に大いに進み、解剖学的には多くのことがわかるようになりました。にもかかわらず、科学者たちにとって、その構造と機能は未知のままとされています。

脳は三重構造になっています。アメリカの神経生理学者ポール・マクリーンは、一九七〇年に脳の構造説を唱えました。脳は縦に切断すると左図のように三重構造になっていて、下から脳幹(は虫類の脳)、大脳辺縁系(ほ乳類の脳)、大脳新皮質(霊長類の脳)の三つに分かれます。

人間は、この三層の脳のシステムの各層から派生する三種の機能、三種の情報回路をもっています。は虫類の脳にはテレパシーチャンネルがあり、ほ乳類の脳にはイメージによって情報を伝えるイメージチャンネルがあります。

一番外側の大脳新皮質は、脳の構造が右脳と左脳に分かれています。左脳には下位層の脳との連絡はなく、右脳にだけ連絡回路があります。右脳だけが下位層の脳がもつテレパシーやイメージの機能をつかさどるのは、このためです。

左脳は言語脳、右脳はイメージ脳と分けられ、右脳と左脳とでは認識と思考のモード(様式)

右脳と左脳の役割分担

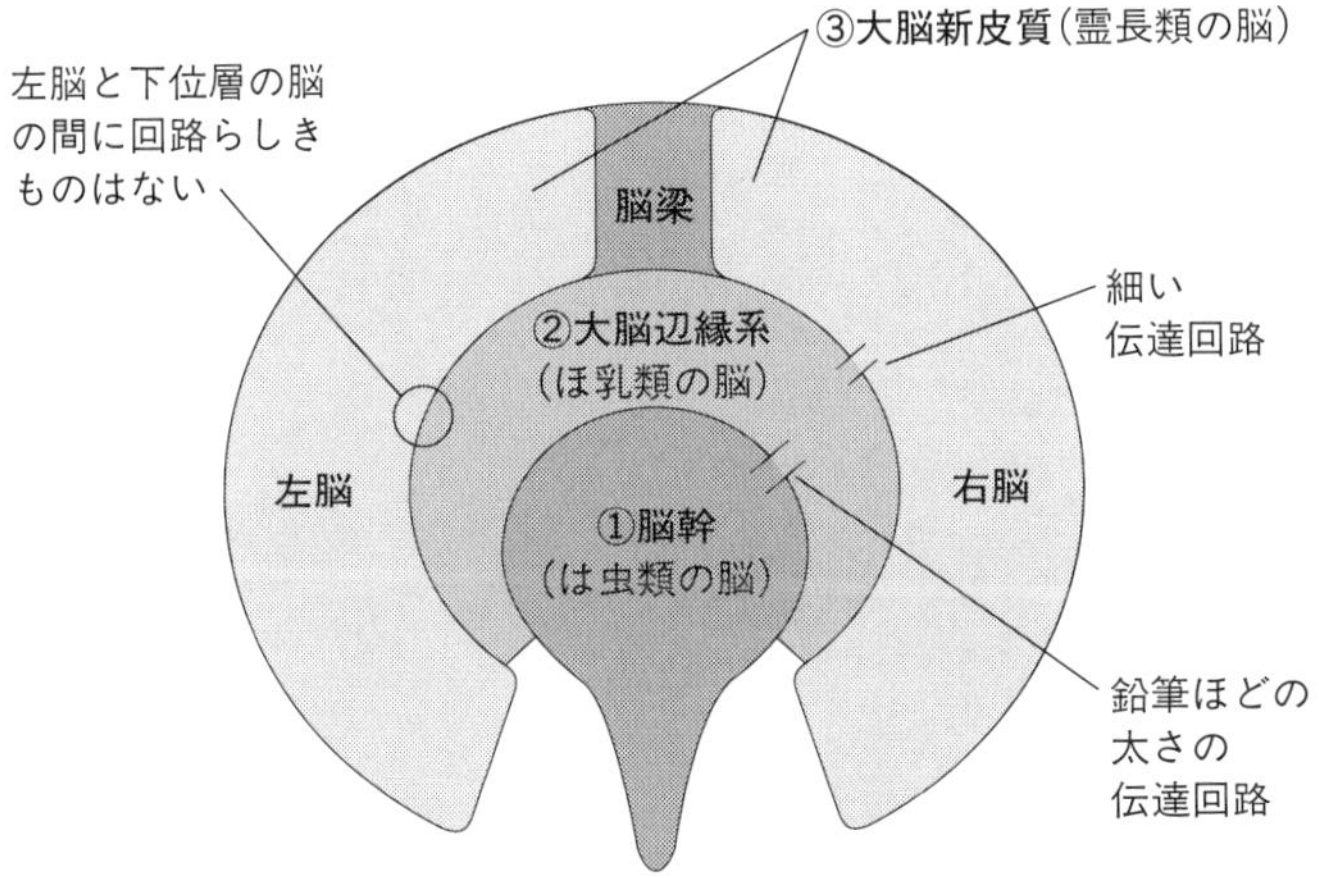

が全く異なっていることが科学的にわかっています。

右脳はイメージによる認識と思考が行われる脳で、理解も記憶も情報の伝達も、左脳の回路とは全く別の回路で行われます。

右脳と左脳では、記憶の質も様式も違います。左脳では言語性の記憶が働き、こちらは大変質が悪く、覚えた端から忘却が始まります。

これに対して、右脳の記憶はイメージ性の記憶で、一度見聞きしたことを完全にイメージとして再現できる完全記憶です。

感覚も右脳と左脳とは違います。左脳の感覚は肉体的な感覚で、目、鼻、口、耳といった感覚器の働きを必要とします。一方、右脳の感覚はそのような感覚器の働きを必要とせず、細胞で外からの目に見えない波動情報を受け取り、右脳の働きによって、それらの情報をイメージに変えて理解するという働きをもっているのです。

一般的には、五感の働きのほかに、第六感、あるいは超感覚があると考えられていますが、実はそれこそ右脳に働く感覚に他なりません。

右脳の最も基本的な機能は、外部からの刺激を共鳴、共振作用によって情報として受け取ることです。

この世にある万物の究極は、目に見えない量子（クオンタム）という最小単位の粒子に還元されます。量子は振動数を発し、波動となって伝わるとされていますが、右脳はその波動に共鳴し、共鳴するとその波動は波動情報となって伝わってくるのです。

右脳の根本機能は、そのように万物が発する波動に共鳴して情報を受け取ることです。この働きこそ一般に「テレパシー」と呼ばれるものです。

右脳の第二の働きは、そうして受け取った波動情報をイメージに変えて理解する働きです。

イメージには、五感の数だけのイメージがあり、目に見えるイメージ、音として聞くイメージ、味のイメージ、匂いのイメージ、触覚のイメージとあります。

小さな子どもたちが母親との一体感を育てると、容易にＥＳＰ能力を発揮します。波動は周波数が同じときに共鳴、共振するのですから、これは当然のことといえるでしょう。

実際に、子どもたちがESP能力を一〇〇％正確に発揮しているときの脳波を測ってみると、母親と脳波がぴったり重なっていることがわかります。

感覚の基本は細胞にある

一九二〇年代に量子理論が確立されると、物質の波動性が明らかになりました。量子理論では、物質の究極的な構成要素である基礎粒子は、素粒子であると同時に、波動性をもつと結論づけられています。

人間の細胞には外からの刺激を波動情報として受け取り理解する機能、つまり、すべての感覚の基本があるのです。

このことがわかれば、子どもたちが示す超能力的なESP能力は、細胞に備わったいわゆる「原始的知覚（テレパシー）」であらゆる波動情報を受け取っているのだと理解できるでしょう。

子どもたちは右脳の共鳴機能によって、左脳の五感的な壁を越え、超時空的に情報を受け取ります。また、右脳は共鳴機能で受け取った波動情報を、イメージに変えて理解する機能があります。この二つの機能によって、全盲の人でも景色が見え、字が読み取れます。聴覚機能がなくても、言葉を聞き取り、理解し、対話することができるのです。

アメリカのアラバマ州にあるジェファーソン裁判所のトニー・コスレン判事は、全盲の裁判官です。しかし、証人が宣誓し、手を挙げたままでいると「もう手を降ろしていいですよ」と言います。

みんなが驚いて「どうしてわかるの？」と問うと、「目は見えなくてもイメージは見えますよ」と答えます。コスレン判事は波動で情報を受け取り、右脳がそれをイメージに変えて、普通の人が視覚的に見る感覚で、その様子を〝見る〟ことができるのです。

七田式教室に通うK君（四歳）は聴覚障害があり、普通なら耳のよく聞こえない子どもです。しかし、七田の右脳教育は、右脳の感覚を開き、波動で情報を受け取り、それを聴覚イメージに変えるので、左脳で聞くのと少しも変わらない聴覚能力が育ちます。

ここで、K君について綴《つづ》る先生のレポートを紹介します。

四歳になるK君は、とても元気な男の子で、「ねえねえ、先生、昨日お父さんと公園に行ってね……」と前回のレッスン以後の出来事をたくさん話してくれます。周りで聞いている人は、K君の聴力がとても低く、病院で治療を勧められているとは誰も信じません。レッスン中も、私の質問にすばやく答えてくれます。

二年前に入室したとき、「聴力に問題があり、手術を勧められています。どうすればよいでしょう」と相談がありました。

そこで右脳教育の特徴について話し、右脳教育法で必ず聞こえるようになるからと説得し、早速、右脳教育に取り組んでもらうことになりました。

三歳ごろからは、小さな小人になって体のなかに入り、悪いところを治してくれるイメージトレーニングを取り入れました。

するとK君はイメージの世界であそぶことが楽しくなり、毎晩お母さんと寝る前に体のなかに入って悪いところを治すようになって、耳のことはすっかり忘れてしまいました。

K君は、お母さんのお腹に入って「赤ちゃんがいたよ」と教えてくれたり、周りの人の病気を治したりしてくれるようにもなりました。私が風邪で三九度の熱を出したときも、うそのようにスッと下げてくれました。

先日、K君が通っているスイミングスクールで、同じくらいの聴力しかない子どもをもつお母さんに偶然会い、非常に驚かれたそうです。

そのお子さんは、いまでもほとんど言葉が出ない状態で、「K君が普通に話していることが信じられない」と言われたそうです。

K君は、創造性の面でも大きく伸びて、ちびっこ俳壇で何度も入選したり、作詞作曲までこなします。本当に右脳教育はすばらしいと実感させられます。

右脳パワーで人間の能力は変わる

聞こえないはずの耳をもつ子どもが、右脳教育を受けて耳が聞こえるようになった例は、この他にもたくさんあります。

右脳は左脳の感覚回路とは全く別種の感覚回路があります。左脳の感覚は目、鼻、口といった感覚器を必要としますが、右脳の感覚は細胞をとおして波動で情報を受け取り、それをイメージに変換して見聞きするので、感覚器は不要です。

目が見えないはずの子どもでも、波動で情報を受け取り、それをイメージに変えて、目で見るのと変わらないようにものが見えるのです。

右脳教育では、子どもたちにまず愛を教え、他人との一体感を育てます。すると、子どもたちは波動で情報を受け取り、イメージ化することができるようになって、イメージで自分の病気を治すことができるようになります。そうすると、障害をもつ子どもが自分の病気をイメージで治すことができるのです。

七田教室では、子どもたちに小さな目に見えない小人になって体のなかに入り、悪いところを見つけてイメージで病気を治すという取り組みを指導しています。

子どもたちは容易にこの方法を身につけます。子どもたちに目を閉じさせ、心を落ち着けさせて、自分が小さな小さな小人になったイメージをさせ、「さあ、目に見えないくらい小さくなったら、自分の体のなかに入ることができて悪いところを見つけて治すことができるよ。悪いところが見つかったら自分のやり方で治すことができるよ。治してね」と教えると、子どもたちはみな、ヒーリングの仕方を覚えて、簡単に病気を治すようになります。

右脳には、これまで科学者が何の働きをしているか解明できなかった〝沈黙の領域（サイレントエリア）〟があります。この右脳の前頭野こそ、右脳の神秘的な能力を発信する基地だったのです。

これまで、人間の意識はもっぱら左脳で働き、右脳には意識がないとされてきました。ところが、左脳の前頭野には言語性の意識が働き、右脳の前頭野にはイメージ性の意識が働くことがわかったのです。

左脳で言語性の意識を働かせても肉体に対して何のコントロール力ももちませんが、右脳の意識は肉体に対して一〇〇％の管理力をもちます。

例えば、右脳でイメージすると、イメージしたとおりのことが起こります。病気を消すイメージを行うと、病気が消えてしまうのです。

右脳のイメージ力は宇宙エネルギーを使いこなすので、自分自身の肉体に対する管理力にとどまりません。自分という個体を超え、他の人の肉体にまでコントロール力を及ぼします。

そして、その能力は病気を治療する能力にとどまらず、運動能力や芸術的な能力にまで及びます。先頭を走るイメージをすると、いままで一番ビリを走っていた子どもが、突然、一等になったりします。

これまで何の働きをしているかわからないとされてきた右脳のサイレントエリアを活性化すると、ただちにその能力が活性化するのです。

大人ではなかなかその様子がわかりませんが、もともと右脳が優位に働いている小さな子どもたちは、簡単に右脳のイメージ力を引き出し、イメージを自由に使いこなせるようになります。するとと人間の能力はすっかり変わってしまいます。教育に対する考え方も、大きく変わってしまうことでしょう。子どもたちがいかに右脳のイメージ力を開き、学習能力を変えてしまうのか、私たちは左脳的な先入観を払い去って、彼らの将来を見守る必要があるのです。

第4章　母親の「語りかけ」で子どもは劇的に変わる

子どもは親の「語りかけ」で育つ

生まれた赤ちゃんにとって、一番大切なのは何でしょう。

それは愛撫と語りかけです。

子どもが成長していくうえで五感の刺激は必要ですが、なかでも皮膚感覚が最も大切です。それを知らないばかりに、お母さん方は難しい子育てをしておられるのです。

皮膚こそ、人間の最初の伝達媒体です。皮膚感覚はあらゆる感覚の母と呼ばれ、これは胎児期から発達するものです。

他の動物でも、皮膚感覚は胎児期に一番早く、また完全に成長すると言われています。動物は生まれたばかりの赤ちゃんの体をペロペロとなめますね。生まれたての動物が生き残るためには、なめてもらう必要があるのです。皮膚に対する適当な刺激が、身体の器官や行動の十分な発達に不可欠なのです。そして、これは人間の赤ちゃんにとっても同じです。

皮膚から心が育つのです。これを子育てするすべての母親に知ってもらいたいと思います。

生まれた赤ちゃんはすぐ抱いて、おっぱいを含ませてあげましょう。赤ちゃんが母親の乳首を吸いはじめると、今度は母親の皮膚刺激が神経衝動となり、それが神経系統を通って脳下垂体に届きます。すると、そこでオキシトシンとプロラクチンという「愛情ホルモン」が分泌され、赤ちゃんを限りなく愛しく感じ、母乳が豊かに出るようになります。

一方、生まれた赤ちゃんをすぐ抱かなかった母親は、赤ちゃんをかわいいと思う感情が十分育ちません。すると赤ちゃんを抱くことが少なくなり、したがって愛撫も減ります。その結果、赤ちゃんは急速におかしくなりはじめます。

赤ちゃんが生まれたら、何よりもまず、しっかり抱いてあげてください。

このとき忘れてはならないのが、愛情のこもった語りかけです。誕生直後から母親に豊かな語りかけをしてもらえた子どもはよく育ちます。それは、母子の愛情や一体感を育てるばかりでなく、赤ちゃんの脳を開く第一歩となるのです。

誕生直後、言葉を数多く耳で聞かなければ、言葉を理解する細胞がきちんと脳に形成できなくなります。言葉の刺激が極端に少ないと、言葉を理解するために存在する細胞は目的を果たせずに死滅すると、科学者も言っています。人里離れた野生のなかで成長した子どもが証明するように、言葉のない環境におかれてしまうと、せっかく正常な聴覚細胞をもって生まれてきた子どもでも、脳にある言語回路を使う潜在能力を失ってしまうのです。

母親が子どもを抱き、スキンシップを心掛けながら豊かで正しい語りかけを行うと、子どもはテレパシーによって愛情をきちんと受け取ります。すると母子の愛と一体感が生まれ、テレパシー脳である右脳が正しく働きはじめます。母親の愛撫と語りかけは、言葉を超えた言語となって愛と一体感を育て、テレパシーが相互に働くようになるのです。それが波動言語であるテレパシーであり、右脳の脳力の基本なのです。

生まれたばかりの子どもは言葉もわからず、まだ知能も感情も育っておらず、したがって教育の時期ではない、と誰もが思ってきました。けれども事実は、子どもは胎児期から母親の発する波動をテレパシーで学んでいるのです。

子どもは言葉を理解しなくても、言葉のもつ意味は正しく受け取る能力をもっています。母親が喋りながら、肯定的な思いをもっているか、否定的な思いをもっているかを正確に感じ取ってしまいます。このような母子の波動関係を、アメリカのジャン・アーレンワールド博士は「母と子のテレパシー関係」と名付けています。

母と子の最高の関係は、母親の心の底に安らぎがあるということです。すると子どもは心を開き、母親の念を受け入れようとします。もし母親の心に子どもの成長に対する不安や焦り、疑い、否定的な感情があるならば、子どもは心を閉ざし、母親の念を受け入れまいと防御します。そして、母親が伝えようとする言葉にも、子どもは耳を貸そうとしないのです。

これは母と子に限ったことでなく、父親と子どもの間にあっても同じです。胎児のころから父親に語りかけられて生まれてきた子どもは、父親を最高に愛すでしょう。胎児期から両親に「よく育ってほしい」と思いをかけられて育った子どもは、心満ち足りて、他の子にもやさしくできる子どもに成長するのです。

母と子のテレパシー関係については、ロシアの心理学者パヴェル・ナウモフが『テレパシーの科学的諸問題』という論文のなかで「われわれの調査件数中、六五％において母親と子どもの間にテレパシーの存在を確認した」と述べています。言葉のない時代の語りかけが、赤ちゃんの波動言語（テレパシー）を育て、右脳の基本力を育てているのです。

母親がこの認識をもって赤ちゃんとの接し方を変えると、子どもは劇的に変わります。この本のなかで「語りかけ」に重点をおき、章を割いたのは、それが右脳を開くためのカギだからです。

愛情がきちんと伝わる上手な語りかけ、母子一体感を育てる正しい語りかけにはコツがあります。間違った言葉を使って失敗しないためにも、語りかけの模範例を具体的に示しました。言葉の表面的な意味だけでなく、そこに込める思いや親としての姿勢についても、ぜひ参考になさってください。

愛情を育てる語りかけ
——「お母さんは〇〇ちゃんが大好き」

親は子どもに対して、十分に愛情をもって接していると思っています。ところが、子どものほうは必ずしもそうは感じていないというのが、子育ての難しさです。

最近、子どもの様子が少しおかしい、よく泣くようになった、言うことをきかなくなった、人を叩くようになった、などという困った問題行動はすべて、子どもが親の愛情を求めているサインと受け止めてほしいのです。子どもは理由もなく問題行動を示したりはしません。そこには必ず原因があるのです。

子どもは親がしっかり愛情を伝え、教え、諭して導けば、順調に育っていくものです。ところが親の愛情が上手に伝わっていないと、子どもは愛情不足を感じてしまいます。

子どもの様子がおかしいと思ったら、そういえば最近叱ったり、小言が多くなかっただろうか、愛情を伝えることが少なくなっていなかっただろうか、と反省してください。そうして、上手に愛情を伝えてください。すると、子どもはいっぺんで元のいい子に変わってくれます。

では、どうすれば上手に愛情を伝えられるでしょうか。

まず、子どもをほめられるように、ちょっとしたお手伝いをしてもらいましょう。その後で、子どもを思いっきり抱きしめ、「お母さんを手伝ってくれてありがとう。やさしい○○ちゃんがお母さんは大好きよ」と言ってあげるとよいのです。すると子どもは、自分が母親に認められ、ほめられ、十分な愛情を伝えてもらって、いっぺんに気持ちが満たされてしまいます。そして、これまでの困った問題行動はスッと消えてしまうのです。

下の子へのいじめがなくなったり、おねしょをしなくなったり、おばあちゃんの頭を叩かなくなったり、目立った変化がすぐ見えるはずです。

子どもはみな無意識の心の奥底で、親に認められたい、ほめられたい、愛されたいと願っています。そうして自分を認め、ほめ、愛してくれる親には、一〇〇％心を開いて、素直に言うことを受け止めるようになります。反対に、自分を認めてくれない、ほめてくれない、愛してくれない親に対しては、不信感と反抗心を育て、とても扱いにくい子になります。どちらにせよ、子どもの姿は親の接し方次第なのです。

親が子どもを肯定的に受け止めず、否定的に接すれば、子どもの反応は親を受け入れない否定的な反応になります。逆に、親が子どもを肯定的に認め、ほめ、上手に愛情を伝えきれば、子どもはとても素直に親を受け入れてくれるものなのです。

子どもにきちんと愛情を伝える場づくりのために、まずは上手にお手伝いを頼んでみましょう。そして、その後たっぷりとほめるのが、上手な愛情の伝え方です。

思いやりを育てる語りかけ
――「やさしい心はきれいで大きいのよ。わがままな心は汚く小さいのよ」

わがままな気持ちを抑え、人へのやさしい思いやりをもった子どもに育てるために、親はどんな言葉がけをしていけばよいのでしょうか。

子どもが自分の行動を振り返り、反省できるようにするには、自分で自分の心を判断する基準が必要です。その言葉を与えてあげるのが親の役目といえるでしょう。

子どもに基準を与えるのは、「あなたは自分の心が小さいほうがいい？　大きいほうがいい？」「あなたは心がきれいなほうがいい？　汚れているほうがいい？」の二つの言葉です。

この質問をすると、どの子もたいてい「小さい心より、大きい心がよい」「汚れている心より、きれいな心がよい」と答えるはずです。

もし、違う答えを言うときは、ふざけているか、すねて天《あま》の邪鬼《じゃく》になっているときです。しかし、本心ではどの子も「心が大きく美しいほうがいい」と思っています。

そこで、子どもが自己中心的に自分のことしか考えず、他人のことはお構いなしでわがままを押し通そうとしているときは、こう言ってあげてください。

「自分のことしか考えない人は心が大きいと思う？　小さいと思う？」

すると、いま自分がしようとしていることは、自己中心的で人のことを考えない、心が小さいことだ、とわかります。そして、人のことを考え、人に譲ってあげることのほうが、心の大きい行為だと学んでくれるのです。

同じように、人に意地悪をしているときは、こう言って聞かせてください。

「人に意地悪をしたり、人を傷つけたりすることは、心が美しいことだと思う？　心を汚すことだと思う？」

するとと子どもは、おのずと答えを見いだすでしょう。そのときお母さん方は「人が喜ぶことをすると心は美しくなるよ。反対に、人を悲しませたり、傷つけたりすると心は汚くなるよ」と教えてあげてください。子どもに自分の行為を振り返る基準ができて、やさしい思いやりの心をもつ子に育ちます。

がまんする心を育てる語りかけ

――「よくがまんできたね、えらかったね」

心の子育てが大切としきりに言われます。しかし私は、その「心の子育て」が、どうも間違った方向に向かっているように思えてなりません。

幼稚園でも小学校でも、心の子育てを重視するあまり、子どものしたいようにさせるという教育方針が進められています。しかし、これこそが間違いの元凶であると思います。子どものしたいようにさせるという子育ては、自分の感情をコントロールできない、わがままな子どもを育ててしまいます。

「IQよりもEQ」とよく言われます。EQ（Emotional Intelligence Quotient）は日本語で

「心の知能指数」と訳され、心の発達を示す尺度となっています。EQを測る尺度は、①自分の心をコントロールできること、②人を思いやることができることの二つです。

子どもをしたいようにさせるという心の教育法で、果たしてこの二つの尺度を満たす子どもが育つでしょうか。

いま、自分の感情衝動を抑えることができない子どもたちが、大量に育っています。間違った心の子育てに、その原因があると思われませんか。

心の子育てで大切なのは、自分の感情をコントロールでき、人のことを思いやる心を育てることです。そして、しつけで一番大切なのは、子どもを「わがままに育てない」ということです。

ところが「子どもにいけませんとは言いません」と胸を張って言うお母さんがいます。これは間違っています。いけないことはいけないと教え、がまんすべきことはがまんさせなければ、子どもはわがままに育ってしまいます。

わがままに育った子は、世の中のルールに従えません。学校に入っても、自分だけ机に座らず、勝手なことをしようとします。これは自由をはき違えた子育てです。

人が自由であることは大切ですが、一方でルールに従える人に子どもを育てないといけません。世の中はルールで成り立っています。それに従えず、ルールを無視する子を育てると、その子は世の敗残者になってしまうことを知ってください。

算数の時間は算数をする、やるべきことはがまんしてでもやることが、魂を磨くことになるのです。がまんを知らない子は、魂を磨くことができません。

子育てで一番大切なことは「自己中心性《わがまま》を取る」ということです。子どもがしたいとおりにさせる親は、それをしないのですから、子育てを放棄してしまっているのと同じです。

子どもにがまんを教えましょう。そして、子どもががまんできたら「よくがまんできたね、えらかったね」と頭をなでたり抱きしめたりして、たっぷりほめてあげるとよいのです。すると、子どもは自分ががまんしたことを認められ、ほめられて満足し、心が正しい方向に向かいます。

根気を育てる語りかけ
――「よくがんばったね。感心しちゃった」

子どもの根気を育てたいとき、「～しなさい」と命令語でさせようとすると、決してうまくいきません。代わりに、「～してくれない？」と依頼語を使うようにしてください。

子どもに依頼語で、ちょっとしたお手伝いを頼んでみましょう。すると子どもが動いてくれます。なぜなら、それは自分を認めてくれる言葉だからです。

命令語、否定語、禁止語は、自分を認めてくれない言葉です。こういう言葉をかけられると、やろうとする気持ちが萎《な》えてしまいます。

覚えておきたいのは「否定は否定を呼び、肯定は肯定を呼ぶ」という言葉です。子どものやる気を引き出すには、子どもの心が動く言葉がけをしましょう。

どの子も無意識に、親に認められたい、ほめてもらいたい、愛されたいという気持ちをもっています。この気持ちを満たしてくれる言葉に、子どもは心を動かします。「～しなさい」ではなく、「～してくれない？」に心が動くのです。

そして、頼んだお手伝いをしてくれたり、自分で始めた事柄をやりとおしたら、「よくがんばったね、お母さん感心しちゃった」と、認める語りかけをしてあげてください。すると子どもの心はいっぺんに満たされます。そして、子どもは心を開き、積極的になり、自分から行動を起こす動機づけになるのです。

もう一つ、根気を育てるうえで大切なことがあります。それは子どもが自分で目標を定め、自分でやりたいという動機をもつことです。そのためには、子どもの目標を聞いてあげることです。将来何になりたいのか、希望を聞いてあげるとよいのです。

そして、子どもが「〇〇になりたい」「大きくなって〇〇をしたい」と言ったときに、それを達成するには何が必要なのか、どんな勉強をしなければならないのかを教えてあげればよいのです。すると、子どもは抵抗なく努力を始めます。自分の目標を達成したいという動機づけさえできれば、子どもはそのために必要な勉強を喜んで始めるでしょう。

例えば、こんな具合です。

「しんちゃん。大きくなったら何になりたい？」

「毛利衛さんみたいに宇宙飛行士になりたい」

「そう。宇宙飛行士になりたいの。だったら、外国人のクルーと一緒に宇宙ロケットに乗って仕事をするのだから、英語が必要だね」

このように上手に導いてあげるのです。すると、自分の望みを達成するためには英語が必要とわかり、目的意識がわいてきて、積極的に英語を勉強するようになるのです。

一方、子どもに決まった目標がないときは、親が環境づくりをしてあげましょう。子どもが学びたいという気持ちをみずから起こすように、仕向ければよいのです。

例えば、子どもをバイリンガルに育てたいと思ったら、「今日から英語のテープを聞くのよ」と言うのではなく、子ども用に買ってきたテープでも子どもには聞かせず、まず親が楽しんで聞いてみせればよいのです。親が楽しそうに聞いていると、子どもは興味を示します。「どんなテープなの？　そんなに面白いの？」と好奇心をもち、聞きたがるはずです。これが子どものやる気を引き出す上手な方法です。

自分で目標をもっている子、自分から始めたい、やりたいと思い立った子どもは、根気よく自分の目標を成し遂げようとがんばるものです。

集中力を育てる語りかけ
――「よくできたね」「〇〇ちゃんは〜がとっても上手ね」

子どものなかには、集中力のない子どもがいます。あれこれと気を移してしまって、一つのことに集中して取り組めない子どもたちです。子どもにそんな性向が見られると、親は何とかわが子に集中力をつけたいと願うものです。

では、どうすれば集中力がつけられるのでしょう。

しばらく前に、あるお母さんからお便りをいただきました。「四歳の子どもにピアノを習わせているが、叱ったり泣かせたりしながら教えている。それでも環境が子どもの育つ素質をつくるという言葉を信じて習わせ続けている。これでいいのだろうか」という内容でした。

これは明らかに捉え方が間違っています。

子どもがピアノを喜んで習っているのであれば、それは右脳的な取り組みになり、「よい環境を与えている」と言えるでしょう。したがって、よい才能を育てることができます。

ところが、同じことでも、叱ったり、泣かせたりしながら習わせると、それは親も子もストレスいっぱいの左脳教育になり、最悪の環境を与えていることになります。

同じことが与え方一つで右脳的にもなり、左脳的にもなるのです。

何を習わせるかではなく、どう習わせるかが大切です。叱るのではなく、上手にほめながら、楽しく習わせてあげてください。それはお母さんの子どもに接する姿勢、心構え一つなのです。

そんなとき効果を発揮するのが語りかけです。子どもを上手にほめてあげると、子どもは集中して取り組むようになります。子どものまずい点ばかりに目を向けて、注意したり、叱ったりしてはいけません。上手にできたところに注目してあげて、「よくできたね」「○○ちゃんは〜がとっても上手ね」と言ってあげてください。すると、子どもはほめられ、認められたことがうれしくて、熱心に取り組みを始めます。

子どもの集中力を引き出すのは、親の上手な「語りかけ」一つにかかっているのです。

自主性を育てる語りかけ

――「○○ちゃんが手伝ってくれて、お母さん大助かり」

子どもがいつまでも頼りなく、お母さんに依存して離れず、自分からは何もしようとしない、という場合、どうしたらよいでしょう。

「息子はもうすぐ三歳になりますが、未だに後追いし、片時も離れようとしません。七田以外にも習い事をしていますが、離れるのを嫌がり、連れていくのがやっとです。私が一緒にいると何度言い聞かせても嫌がります。赤ちゃんのころから愛情を伝える言葉がけをしてきたので、親子関係はうまくいっているのですが、来年幼稚園に通うこともあり、もう少し自立してみんなと楽しく過ごせるようになってほしいと思います」

このような質問を受けたことがあります。

子どもが親から離れられないのは、自分に自信がもてないからです。なぜ、自信がもてないかというと、親が自分を頼りなく思っていることを、子ども自身が知っているからです。

子どもの自主性を育てたいのならば、まず親がマイナスに見ることをやめ、親のほうから子どもを頼りにしてあげることです。

このときの語りかけは「○○ちゃんがしっかりしているから、お母さん助かるわ」とか「○○ちゃんが手伝ってくれて、お母さん大助かり」などがよいでしょう。すると、子どもは急速に変わっていきます。

このような語りかけが自然にできるようにするには、親がちょっとした仕掛けを考えることが必要です。子どもにちょっとしたお手伝いを頼むのです。「食べ終わったお皿を運んでくれる?」「たたんだ洗濯ものを引き出しに入れてくれる?」など、すぐできる簡単なお手伝いでいいのです。そして、お手伝いをしてくれたら、『八秒間の強い抱きしめ』をしてくださるとよいでしょう。そのときこんな「語りかけ」をしてあげてください。

「お母さんを助けてくれてありがとう。○○ちゃんが手伝ってくれて、お母さんは大助かりよ」

すると、子どもは自分が親に認められ、ほめられたことから、自分自身にプラスのイメージを抱くようになります。こうして自分の存在に自信がもてるようになると、子どもは自然と親から離れ、自主的に行動できるようになるのです。

積極性を育てる語りかけ

——「え、そんなことやってるの。すごい！」

お母さんがいま、興味をもって取り組んでいることは何でしょう？　それをお母さん自身が楽しんでいらっしゃいますか？　それを誰かに理解してもらえていますか？

「えっ？　君はいま、そんなことをやってるの！　それで、どう？　そう、楽しそうだね！　そういえば最近、何だかイキイキしているね！」などと言われたら、どうでしょう。ますますやる気がわいて、もっとがんばってしまうかもしれませんね。

それでは、今度は子どもに目を向けてみましょう。

あなたの子どもがいま、一番興味をもって取り組んでいるものは何でしょうか？　おわかりになりますか？　お母さんは、それを応援してあげていらっしゃいますか？　子どもは、イキイキと楽しそうに取り組んでいますか？　そんな姿が見られたら、どんなに素敵でしょう！

子どもに好きなことがあり、そればかり夢中でしていると、多くの親たちはそれをやめさせ、他のことにも目を向けさせようとします。偏った世界に閉じこもるのではなく、バランスよく学んでほしいと願うからでしょう。しかし、そのやり方は間違っています。

例えば、自動車の好きな子どもがいるとします。そのような子どもには、絵本も自動車の絵本、おもちゃも自動車、『フラッシュカード』も自動車というように、自動車で子どもの生活をいっぱいにしてあげるとよいのです。親はそのなかで、子どもが広い世界を学ぶための道筋をつけてあげることを考えてください。子どもがしている体験、事実に沿いながら、それをどんどん深めていく道筋をつけてやればいいのです。

「これはドイツの車だね。これはアメリカの車。これはイタリア。こっちはどの国の車かな？」と、日本の車から世界の車へと興味を広げてあげると、子どもは簡単に覚えてしまうでしょう。

「この車の名前は何て言うの？　へえ、そう言うの。ねえ、それは英語でどんな意味だと思う？」と誘導すれば、そこで英語の名前に興味をもち、英語を学びたがるかもしれません。

「この車がつくられたのはどんな国だろうね？」という話から、地図の上で国を探すあそびもできます。そして、世界の地理や外国の歴史に、興味がわくかもしれません。

そう考えると、学びの場は際限なくどこまでも発展していきます。子どもの要求に合わせて上手に働きかけてあげれば、無限大の能力を引き出してあげることが可能なのです。

子どものワクワク、ドキドキする気持ちを理解してあげましょう。そして、「えっ？　○○ちゃんはそんなことやってるの。すごいね！」と語りかけてあげてください。断然やる気を起こした子どもは、自分の知っていることを自慢げに話しはじめるでしょう。そこで、新しい学びの場を与えてあげるのです。

一つのものに集中し楽しむ毎日の生き方が、そのまま脳力開発につながることを知っていただきたいと思います。

子どものしていることを認め、ほめ、応援し、興味を深める道筋をつけ、能力を磨きあげることが大切なのです。そして、私たち親も好きなものを子どもと一緒に楽しんでまいりましょう。

創造力を育てる語りかけ

――「すごいね。誰も考えつかないことを考えるんだね」

子どもの創造性を育てるには、子どもが何か熱心につくっているとき、その好奇心に着目して「○○ちゃんは、誰も考えつかないことを考えるんだね。すごいね」とほめてあげましょう。

創造性が高い人間は、子どものころから何かをつくりはじめます。子どもたちのそのような場に出会ったら、その瑞々《みずみず》しい感性、豊かな好奇心を大いにほめてあげましょう。型にはまった大人の視点から「何か変ね」「そこは違うでしょ」などと言って、子どもの好奇心をつぶさないようにしてください。

「私はいつも何かをつくっていた。五歳のころから『あれはみんなあの子が発明したの』なんて言われていたものだ」と言ったのは、磁気録音技術を発明したマービン・カムラスです。

集積回路の非結晶質素材を開発したスタンフォード・オフシンスキーは、「私はほんの小さいころからいろいろな本を読み、読書から大変な影響を受けた」と語っています。

ペースメーカーを発明したウィルソン・グレートバッチは「あまりにも狭い教育を受けて思考法が硬直してしまっては問題」と警告し、マイクロプロセッサーの発明者マーシャン・テッド・ホフは「大切なのは好奇心」と指摘しています。

これらの言葉に耳を傾けるならば、私たちが創造性豊かな子どもを育てようとするとき、何を心がければよいかが見えてくるようです。

人間には二通りのタイプがあると言われています。閉鎖系（クローズド・システム）の心をもつ人たちと、開放系（オープン・システム）の心をもつ人たちです。

閉鎖系の人たちは常識的な考えを好み、新しいことに対して抵抗感を示します。一方、開放系の人たちは、常識はむしろ創造の敵と考え、いつも新しいことを見つけようとしています。

私たちは、子どもを閉鎖系で育ててしまってはいけません。なぜなら、閉鎖系からは何も新しいものは生まれないからです。すなわち創造的ではないのです。

子どもはもともと好奇心が強く、「なぜ？」「どうして？」と絶えず質問します。この好奇心こそが創造性の芽。好奇心を上手に伸ばすことが、創造性豊かな子どもを育てる秘訣です。

創造とは文字どおり「創ること」です。ブロックあそびや積み木あそびで、つくっては壊し、壊してはまた新たに何かをつくろうとしている子どもたちは、疑いなく創造への第一歩を踏み出しています。そんな子どもには、ぜひ「すごいね。誰も考えつかないことを考えるんだね」と語りかけてあげてください。

社会性を育てる語りかけ

――「〇〇ちゃんはやさしいのね。〇〇さんはきっと喜んでいるわ」

自分の子どもは近所の子どもたちとあそべない、仲間はずれにされている、と感じているお母さんがいます。このようなお母さんは、わが子が人から好かれ、愛され、必要とされる人になれるよう育ててきたか、自分の子育てを少し振り返ってみてください。

あなたは、生まれたばかりの赤ちゃんと楽しくあそんであげたでしょうか。子どもの社会性は、赤ちゃんのころの母親とのふれあいが大きく関わっているのです。

生まれたばかりの赤ちゃんのときからお母さんがやさしい声であやすと、赤ちゃんは手足をバタバタさせてかわいい笑顔を見せてくれます。これはお母さんの愛に対して一生懸命に応えようとしているのです。つまり、これは赤ちゃんの心が外の世界や人に向けられている証拠です。そして、心を外に向ける行為を「楽しい」と感じているのです。

　こうして社会性は芽生えます。社会性が育つと、子どもは明るく積極的に人とふれあおうとします。子どもの社会性を育てたかったら、赤ちゃんのときから外に向かう明るい心を引き出してあげましょう。

　万が一、そのように育てることをせずに子どもの心が外に向かえなくなってしまった場合は、その心を外に引き出してあげなくてはなりません。そんなとき、お母さんにしていただきたいのは次の四つです。

①動物をかわいがることを教え、愛情を外に向ける機会を与える。
②お母さんが子どもをしっかり抱いて、温かい肌触りの喜びを覚えさせる。
③お手伝いやボランティアをとおして、他の人に尽くす喜びを知らせる。
④子どものすることをしっかりほめて、自分に自信をもたせる。

　愛情を与えられる心地よさを知ると、自分も誰かに愛情を注ぎたいと思うものです。自分のしたことをほめられると、子どもは「やろう」という気持ちを起こします。こうして愛され、ほめられて育った子どもは、自分の存在に自信をもちます。その自信が子どもの存在感を育て、明るく外に向かう心、すなわち社会性を育てるのです。

お母さんは、愛情を上手に伝え、日常生活のなかでほめる種まきをしてあげてください。子どもにもできる小さなお手伝いをたくさん頼んで、大いにほめてあげましょう。

自信を育てる語りかけ
――「大丈夫。○○ちゃんならきっとできる！」

子育てで一番大切なことは、自信と勇気をもつ子に育てることです。自信と勇気があれば、この複雑で難しい世の中も自分の力で切り開いていくことができます。イギリスの伝統的な教育、紳士の教育も、自信と勇気のある子を育てることにあります。

では、どうやって自信と勇気のある子を育てることができるでしょう。それは、子どもを「できない理由を探す子」に育てないことです。

世の中には、プラス思考で自信をもって何事にも取り組める人がいる一方で、つねにマイナスイメージをもち、自分はだめだと自信を失っている人がいます。前者は何事にも成功するタイプであり、後者は何をやっても「自分は運が悪いからだめだ」などと言い訳ばかり言って、自己イメージが乏しいタイプです。

世の中に出て成功するか否かは、子どものころの親の「語りかけ」一つだと言ったら、みなさんは驚かれるでしょうか。

　でも、これは本当のことです。世の中に出て成功する人は、一〇〇人のうち三人くらいだと言われています。そうして、彼らが成功する要因は、子どものころに親にかけられた言葉、すなわち暗示によるものであることを知っていただきたいのです。

　孫正義《そんまさよし》さんといえば、ソフトバンクの創業者として著名な方です。孫正義さんは並みのお金持ちではありません。資産は二兆円とも、四兆円近いとも言われ、二〇〇〇年には経済誌『フォーブス』で、世界のお金持ち第八位にランクされました。

　孫さんがそのような人物に育ったのは、小さいころのお父さんの英才教育のお陰だと言われています。お父さんは孫さんが小さいときから、ことあるごとに「おまえならきっとやれる」と言葉をかけてきました。そのお陰で、孫さんは自分にマイナスイメージをもつことがなく、すべてに自信をもって行動することができるようになったのです。

　私たちもこれに習いましょう。子どもが何をするときにも、「だめね」「どうしてできないの」といったマイナスイメージの言葉は与えないようにしましょう。その代わりに「さすが〇〇ちゃん」「〇〇ちゃんならきっとできる」と言ってください。マイナスの自己イメージを抱くことなく、将来成功するタイプの人間として育つはずです。

　子どもには、小さなころからいろいろなことにチャレンジさせることが大切です。そして「大丈夫、○○ちゃんならきっとできる」と、日ごろから強く言って聞かせるようにしましょう。すると何事にもひるまず、チャレンジできる子どもに育ちます。

しかし、多くの場合、親は子どもに自分は「できない」という気持ちを強くもたせることが多いものです。

あなたのお子さんは、すぐ「できない」と口にするほうですか。それとも「できるよ。見て」とがんばるほうですか。そのどちらかで、その子の人生が決まるとしたら、どちらの子どもを育てたいと思われますか。

小さなときの日々の子育てのパターンが、子どもの人生をつくるのです。「だめね」「どうしてできないの」といったマイナスイメージの言葉をかけるのをやめて、「さすが○○ちゃん」「○○ちゃんならきっとできる」と子どもを勇気づける言葉がけをし、子どもの自信を育ててあげてください。すると将来、孫さんのように成功する人間として育つはずです。

子どものころの小さな成功の積み重ねが、自信を植え付けます。毎日のあそびやお手伝い、勉強などをするなかで、子どもに肯定的な言葉をかけてやってください。

ここで、ちょっとしたテストを行ってみましょう。紙と鉛筆を用意し、三分間で子どものよいところをできるだけ書きあげてみてください。このテストから、お母さんご自身で何が判断できますか。あなたは、どれくらい子どもの長所に気づいてあげられているでしょう。

今日から子どものマイナス面を咎《とが》めるよりも、プラス面を口に出して子どもを勇気づける、子どもに自信を与える子育てに変えるようにしてください。

そのように方向を転換したら、「たちまち子どもが変わった」「子どもが明るくなった」「親に心を開くようになった」とうれしい報告をいただいています。叱ったり、小言ばかり言って育てるより、ほめて、認めて、自信をもたせることが大事なのです。

志を大きく育てる語りかけ

――「いつも人間として正しく生きていくことが大切だよ」

ルース・シモンズはアフリカ系のアメリカ人で、テキサス州に暮らす最も貧しい農夫の娘として生まれました。ルースは黒人であるにもかかわらず、女性で初めてアメリカの名門大学の学長に就任しました。

彼女は一二歳のとき、同級生の一人に「いつの日か、大学の学長になりたい」と夢を語りました。というのも彼女は勉強が好きで、学問をすることで身を立て、社会に役立つ立派な人になりたいと考えていたからです。

ルースの母親は、彼女が小さいときから、いつもこう言っていました。

「人間として正しく生きていくことが大切だよ。そのためには、次の三つのことを覚えておきなさい。一つ目は、人間的な強さをもつこと。二つ目は、道徳心をもつこと。そして三つ目は、人間関係を大切にすること」

ルースはこの言葉をしっかり覚えていて、何事にも全力をあげて取り組みました。それは賞賛や教養を求めたからではなく、母親にそう教えられたからだと言います。

子どもの人格は、ごく幼いころに形成されます。ルースは幼いときから母親に正しく生きる道徳を教えられたので、このように大成したといえるでしょう。ルースは女性でありながら、しかも黒人でありながら、マサチューセッツ州の名門女子大スミス・カレッジの学長になりました。

スミス・カレッジの学長選考委員会は、ルースを選んだ理由として「最も可能性のある人物に、最もその可能性を発揮できる役を任せたかった。彼女の可能性とは、その強さであり、学問実績のすばらしさであり、その人間的魅力だ」と言いました。

この話は何を意味していると思われますか。

それは、子どもの成長に母親の教えがとても大きな影響をもっていること、そして幼いころから大きな志をもつことの大切さだと思います。

人は誰でもいい人生を生きたいと願うものです。しかし、必ずしもそうとはいえない人生を選ぶ子どもたちもいるように思えます。みずから破滅の道を歩もうとする子どもたちです。

この子どもたちはどうして間違った道を選ぶのでしょうか。問題は子どものころの親の接し方にあります。親がどのような人生観や哲学をもって子どもに接しているかが問題なのです。

親が子どもに夢や希望を与える子育てをすると、子どもたちは志を大きく育てます。しかし、親から夢や希望を与えられずに育った子どもたちは、志を立てるどころか、人生に失望し間違った道を選びかねません。

親は子どもに幼いころから夢や希望を語ってあげましょう。志を植え付けて育てれば、子どもたちは将来、必ずや美しい花を咲かせるでしょう。

子どもをダメにするNGワード10

子どもの心を育てる「語りかけ」がある一方で、子どもの心を蝕《むしば》む言葉があります。子どもの心を傷つける母親の言葉は、マイナスの暗示となって子育てを厄介なものにしてしまいます。

子どもの右脳は、母親のマイナスの言葉ですぐ閉じてしまいます。そのとき、子どもの脳はストレスでいっぱいの左脳になってしまい、心のうるおいを失っています。右脳はリラックス脳、心が愛でうるおっているときの脳です。左脳はストレス脳、右脳はリラックス脳と区別して覚えてくださるとわかりやすいでしょう。マイナスの語りかけで、子どもの心はたちまち閉じてしまうと、結果、右脳も働かなくなってしまうのです。

次に挙げるのは、よく母親が子どもに言ってしまいがちなNGワードのワースト10です。いずれも子どもの心にマイナスの気持ちを生じさせ、悪い暗示となって働きますから、気をつけたいものです。

①そんなことをしてはだめ！
②○○してはいけません！
③早くしなさい！
④どうしてお母さんの言うことがわからないの！
⑤もう知らない！　勝手になさい！
⑥何べん言ったらわかるの！
⑦あなたって何をやっても不器用なんだから。
⑧うそおっしゃい！　お母さんはわかっているんだから。
⑨お父さんに言いつけますよ。
⑩あなたって本当に悪い子ね。

子どもの行動は一つひとつが学習です。学習する子どもに「イエス」「ノー」と判断基準を与え、勇気を与えてやるのが、母親をはじめとする周囲の大人たちの役割です。

しかし、「だめ」「いけません」を連発して育てると、これは教育というより、むしろ一種の抑圧行為になってしまいます。否定的な「語りかけ」は子どものやろうとする気、学ぼうとする気をなくさせます。

手を出そうとするすべてのものにブレーキをかけられると、子どもは積極性を失います。太陽の暖かい光を欲している芽が、冷たい冬の風にさらされて成長を止め、ねじまがっていくのと同じです。満たされない気持ちは、引きこもる子ども、攻撃的な子どもにしてしまいかねません。

子どもに対して何げなく発している私たち大人の言葉が、子どもの社会的な適応能力を育てていることを知ってください。大人が子どもにかける言葉は、大人が子どもに対して望む人間像そのものをあらわすともいえるでしょう。子どもたちは、それを自分本来の姿だと信じて、みずからの人格を築いていきます。子どもは、大人の言葉で自分を発見していくのです。

子育ての場面で子どもに対する「語りかけ」がいかに重要であるか、私たちは認識を改めなければなりません。

第5章　子どもの知力がグングン伸びる「右脳あそび」

七田式の子育てカリキュラム

七田式幼児教育は、知識の詰め込みを目的としていません。その意図は、子どもたちの心の発達を中心に、右脳の脳力を適切に引き出すことにあります。

そこで、子どもの脳が右脳優位に働いている〇～六歳までと、左脳に脳の優位性が移る七歳以降の取り組みを四段階に分け、ポイントを左表にまとめました。解説を加えましょう。

胎児期は全くの右脳時代で、左脳はまだ働いていません。右脳は波動で情報を受け取るのが最も基本的な機能です。この働きによって、胎児は親の思いや語りかけを理解します。胎教として絵本を読んであげると、胎児はその内容さえ理解します。波動で情報を受け取り、イメージに変えて見聞きできるのです。

だからといって、このころから知識を詰め込もうと考えてはいけません。教育で大切なのは、知識の詰め込みではなく、子どもの心を育て、脳力を正しく使えるように引き出してあげることです。この時期、母親は子育ての認識を正しくもち、胎児に十分な愛情を伝えることが重要です。七田の教室でも、意識コントロールやイメージトレーニングによって胎児への語りかけ、働きかけを繰り返すことで、母子一体感を深める取り組みを行っています。

〇～三歳は、右脳の特徴を生かして高速大量記憶機能を引き出す働きかけを中心に考えます。

子どもの脳と取り組みのポイント

年　齢	優位脳	取り組みのポイント
胎児期	右脳時代	愛情たっぷりに語りかけ、やさしくタッチングをしてあげましょう。 お腹の赤ちゃんもしっかり感じているのです。
0〜3歳ころ	右脳優位の時代	大量・高速で、右脳に情報をどんどん入力する時期です。理解を求める必要はありません。
3〜6歳ころ	右脳から 左脳への移行期	右脳にひらめいたことを表現していく時代です。教室ではイメージ作文、俳句、絵画の制作など創造力を育む取り組みをしていきます。
7歳〜	左脳優位の時代	大きくなっても右脳と左脳をバランスよく使えるように記憶・速読の訓練などをしていきます。将来の夢、大きな志を育むことも大切です。

といって、大量に記憶を詰め込むことが大切なのではないことを、よく理解してください。

右脳の高速大量記憶機能を活性化させるために重要なポイントは二つあります。

一つは、高速で大量にカードをフラッシュして見せること。もちろん言葉を添えて行います。できるだけ速く、大量にインプットするという取り組みが大切です。繰り返しますが、これは、右脳の高速大量記憶機能を目覚めさせることが目的であって、大量の情報を記憶させるためのものではありません。

もう一つは、繰り返しによって記憶を完全にすること。左脳的な考えに陥ると、ここで大量の知識を詰め込もうと考えてしまいますが、そうではなく、ひと目で見たものを完全に記憶し、大量の情報を簡単に記憶・再現できる能力を育てることが重要だと理解してください。

右脳には左脳にはない四つの大切な機能があります。それは、①共鳴機能（波動で情報を受け取る機能）、②イメージ化機能、③高速大量記憶機能、④高速自動処理機能です。

したがって〇～三歳は、これらの能力を引き出すことに主眼をおきます。理解や記憶を求めるのではなく、大量高速入力で右脳の働きを高める取り組みが大切です。教室でも、『フラッシュカード』などを用いたあそびで、子どもの潜在能力を引き出す取り組みが行われています。

三～六歳は、子どもの頭が右脳優位から左脳優位に働きを変える時期です。この時期に大切なのは、これまでに育てた右脳の脳力を左脳につなぐ取り組みです。右脳の脳力は、実際に言わせる、書かせることで左脳の回路とつながります。右脳で取り入れることを学び、表現することで左脳に結びつけないと、その回路が育たないため消えていってしまうのです。

脳は左右がバランスよく育ち、右脳と左脳がよくリンクして働くことが大切です。脳神経学者ガラバーダの研究によると、生まれたばかりの赤ちゃんは左脳が右脳より大きく、人類が遺伝的に左脳優位に生まれついていることがわかります。

ところが、天才は幼児期に右脳を優位に使うので、右脳の発達が進み、左右の脳の大きさが等しく育つといいます。普通の人は、幼児期に右脳をあまり発達させないため、左脳が大きい頭に育ち、天才は幼児期に右脳をよく使う環境に育ったので、左右の脳が等しく発達し、右脳と左脳をつなぐ回路も育って、両方をバランスよく使えるというのです。

七田の教室でも、右脳への取り組みを行いながら、プリントや作文、工作などの左脳の取り組みを充実させて、全脳教育を目指しています。

七歳以降は左脳が優位に働く時期ですが、右脳の脳力を失わせることなく、右脳と左脳をバランスよく使わせるように取り組む時代です。そして、優れた脳力を育てることに終わらず、その脳力を人類のために使うことができるように、将来の夢、大きな志を育てることが大切です。知識だけでも、思考だけでも、真の教育とはいえません。

七田でもまた、右脳の取り組み、左脳の取り組みをすると同時に、人間としての生き方を学び、人生を切り拓く志を育て、積極的な探究心や創造性を育てる取り組みを行っています。

この章では、七田の教室で実際に行われている取り組みのいくつかを「右脳あそび」として紹介します。特別な教材を必要とせず、家庭で実践できる取り組みもありますから、ぜひ試してみてくださるとよいと思います。

右脳の感覚回路を開くあそび

——『ＥＳＰ遊び』

感覚には、左脳の感覚と右脳の感覚があります。

感覚には「見る」「聞く」「触れる」「味わう」「匂う」の五とおりの感覚があるのは、みなさんもご存じのとおりです。左脳の感覚ではそれらを受け取る「目」「耳」「皮膚」「舌」「鼻」の五つの感覚器を必要とします。

ところが、右脳の感覚はそれらの感覚器を必要としません。右脳は、外界からの刺激を波動として受け取り、左脳と同じように五通りの感覚をイメージに変換して認識するからです。右脳の基本の働きは、外界からの刺激を波動で受け取り、イメージに変え、認識するという能力＝ＥＳＰ（超感覚＝右脳の感覚）機能です。ですから右脳を開くには、『ＥＳＰ遊び』が非常に効果的です。七田式教室では、『ＥＳＰ遊び』を基本の取り組みとしています。『ＥＳＰ遊び』は次のように行います。

①瞑想＝目を閉じて、子どもたちの心を落ち着かせます。

②呼吸＝いつもよりゆっくりと深呼吸を三回させます。息を吸ったときに、タヌキのようにお腹を大きく膨らませる腹式呼吸をすることから、教室では『タヌキさんの呼吸』と呼んでいます。

③暗示＝「先生が三数えると、額のところに第三の目が開けます」と暗示をかけたあと「先生が思った色を送ると見えてくるよ」「カードを裏から見ると、透けて見えてしま

うよ」などと誘導し、子どもたちに当てさせます。

このような『ESP遊び』をすると、子どもたちはたやすく当ててしまいます。右脳が開けた子どもだと、一〇〇％正解してしまいます。

教室での実際の取り組みをレポートで見ることにしましょう。

ESPに取り組んでみて、成果が一番大きかったのは、手で触って知る「触知力」でした。ゆっくり瞑想、呼吸、暗示をした後でイメージし、「何でも見えるし、感じることができるようになりますよ」と言って始めました。ほぼ毎回『天気カード』を使って透視をしますが、晴れが一番わかりやすいようです。子どもたちに聞くと、第三の目に赤く映ってくるのだそうです。同じように『ひよこ探しゲーム』も赤い色が光って見えたり、緑が光って見えたりするといいます。

一人が右脳を開くと、全員が一〇〇％正解になります。

同じように、お母さん自身がトレーニングしてイメージが見えるようになると、そのお母さんの子どももたやすくESP能力を示しています。（中略）子どもだけESPの能力を育てたいと必死になっている親よりは、むしろお母さん自身も右脳を開くトレーニングをしたほうが早く成果があらわれることを理解していただきたいと思います。

そうなのです。親も一緒になって取り組むと、親と子の波動が同じになります。すると、二人の脳波が同調して、ESPの能力がパッと開けるのです。ESPは心の波動で伝わるものですから、母子の波動が同じになると、驚くほど簡単に伝わります。ですから、親も子どもと一緒になって、右脳感覚を開いてくださるとよいでしょう。

私たちが通常使っていない右脳の感覚を、世間ではESPと呼び、特別な能力ととらえていますが、実は誰もがもつ右脳の感覚なのです。この右脳の感覚こそ、右脳がもつすべての能力の基本です。だからこそ、右脳の感覚を開くのが大切だというのです。

右脳の感覚が開けると、右脳の記憶力、右脳の計算力、右脳の音感（絶対音感）、右脳の語学力などが次々と開けてきます。ESPが一〇〇％正しく当てられるようになると、右脳のイメージ力も鮮明なものになります。

これまでは親も教師も成果が見える左脳教育に偏りがちでしたが、遠回りのようでも、『ESP遊び』を毎日するほうが、子どもの素質を大きく変えます。

五歳六ヵ月で三歳程度の脳の発達しかみられなかったY君は、お母さんが毎日『ESP遊び』をした結果、たいへん賢く育ちました。

Y君は七田式教室に入室したとき、読み書きは一切できず、数量の認識もなく、概念の発達が全くと言っていいほどない子どもでした。しかしその反面、音楽に合わせて歌ったり、踊ったり、絵を描いたりと、非常に右脳的な子でした。

教室では、Y君に年少前のプログラムに取り組んでもらい、より右脳教育に力を入れることにしました。具体的には、一回の『フラッシュカード』を五〇〇枚にし、一日五回の『ESP遊び』を家庭での宿題にして、その統計を一〇〇日間記録してもらいました。一方、お母さんに抱っこをたくさんしてもらい、目と目を合わせて笑うなど、心を開くための基礎となる取り組みも忘れませんでした。

入室して一ヵ月が経つころ、Y君の顔つきが変わりはじめました。入室二ヵ月半ごろには、保育園で行われたカルタ取りで一番になって驚かれました。このころから『ESP遊び』は一〇〇%正解するようになり、Y君の能力は一変します。そして、入室八ヵ月で遅れ気味だった脳の発達が、通常の年齢レベルに達していました。

言語能力を育てるあそび
――『フラッシュカード』

『フラッシュカード』は七田の取り組みで最も大切なものの一つです。『フラッシュカード』とは、〇・五秒に一枚の速さで次々とカードをめくってみせる取り組みです。

ところが世間では、『フラッシュカード』の意義を全く理解せず、悪く言う人たちがいます。困るのは、幼児教育の専門家と言われる大学教授のなかに、幼児教育について真の理解がないまま、『フラッシュカード』を非難する人たちがいることです。この人たちは、『フラッシュカード』で私たちが子どもに知識を教えていると誤解しているのです。

『フラッシュカード』を高速で大量に見せると、右脳が活性化します。左脳はその速さと量についていけないので、働きをやめ、右脳に対応を任せます。『フラッシュカード』を見せているときの脳の様子を脳波計を使って観察すると、右脳だけが活発に働いていることがわかります。

カードを高速で見せることは、同時に瞬間記憶の能力を育てます。これは左脳の記憶と違い、写真記憶と呼ばれる右脳独特の記憶です。左脳の働きが悪く、したがって通常ならば記憶力が悪いと言われている子でも、『フラッシュカード』によって全く別種の右脳記憶を育てることがあります。

また、『フラッシュカード』は背景のない対象物そのものを見せながら、その名前を言って聞かせるので、言葉を正確、かつ大量に覚えます。すると左脳の言語能力が徐々につくられていきます。つまり、『フラッシュカード』は左脳の成長や発達にも役立つのです。

さらに、『フラッシュカード』は右脳と左脳をつなぐ働きもします。絵を見せながら対応する言葉を言って聞かせるので、映像をつかさどる右脳と言葉をつかさどる左脳を一つにつなぐ作業を脳に与えているのです。

瞬間記憶の能力については、アメリカの著名な脳力開発研究家ウィン・ウェンガーが『The Einstein Factor』という本のなかで、私の理論と実践法を次のように評価してくれています。

日本の加速学習のパイオニアでもある七田眞博士も、シーザーと同じように、学習における障害物の裏をかく手法を使っています。彼はスピーディーにデータをインプットすれば、のんびりとした左脳の働きを避けられることに気づいたのです。私たちの左脳は、一度に一つの単語やフレーズを処理することしかできません。しかし、私たちが外国語を習ったり、本を読んだり、高度な数学を身につけたりするとき、どうみても一度に何百ものデータを同時に処理しているわけです。これは一体どういうことなのでしょう。七田博士は、ここに隠されたトリックを発見しました。それは、脳に高速でデータを入れてやると、意識がそれについていけないということだったのです。

脳に障害があり、言葉がなかなか出てこないという子どもでも、『フラッシュカード』を見せることで急速に言語能力が育ち、言葉が出てくるようになります。

次に紹介するのは、障害のあるお子さんをおもちのお母さんからいただいたレポートです。

私の娘は脳に障害をもつ子として生まれてきました。いま、こうして言葉を喋っているのは本当に奇跡であり、七田式の『フラッシュカード』の効果だと思っています。(中略)『フラッシュカード』は一日に二〇〇枚くらいやりました。そして、七田式の『かな絵ちゃん』に取り組んだり、ひらがなを先生のご本に書かれたとおりに一文字ずつ教えたりしました。やがて娘はあいうえおを全部覚え、次に二文字の言葉、三文字の言葉が使えるようになり、そして文章を覚えました。結局、幼稚園に入園するまでには、絵本をスラスラ読めるようになりました。

東京都　H・Sさん

『フラッシュカード』の高速大量入力で、右脳が活性化し、瞬間記憶の能力が育ち、言語能力が育っていくことがわかるお便りです。

もう一人、障害のあるお子さんの成果報告をご紹介しましょう。小学一年生の男の子に関する教室の先生からのレポートです。

K君は五歳のときに入室してきました。ダウン症の子どもです。入室した当初は、ほとんど喋れなかったので、最初は『ひらがなカード』を高速大量にフラッシュして一緒に言う取り組みから始めました。すると、K君はすぐに記憶していきました。五〇枚くらい記憶すると、どんどん言葉を話すようになり、いまでは普通児と同じくらい喋れるようになりました。パニック障害もあったのですが、いまではそれも治っています。（中略）

言葉の出ない子どもたちに、高速で大量のカードをフラッシュして見せると、とても興味をもち、集中して見てくれます。こうしてどんどん仕入れられた言葉は、やがて彼らの言葉となってアウトプットされます。子どもが育ったのは『フラッシュカード』のお陰だったと、喜んでくださるお母さんたちがたくさんいるのです。

右脳教育の素晴らしい点は、脳に障害をもつ子どもたちを救う力があるということです。脳性麻痺《まひ》、知的障害、自閉症、学習障害などと診断された子どもたちが、右脳教育を受けることによって甦っています。

その右脳教育の中心に『フラッシュカード』があります。高速フラッシュで右脳を活性化すると、脳障害児が甦るのです。

記憶力を育てるあそび
――『読み聞かせ暗唱』

記憶には目を中心とした記憶と、耳を中心とした記憶があります。みなさんは、どちらがより大切な記憶だと思われますか。実は高い能力を身につけるためには、耳を中心とした記憶を育てるほうが有効であるということがわかっています。

英語の学習法を考えてみましょう。私たちは中学で三年、高校で三年、英語を学びます。しかし、それで英語を話す能力を身につけることができたでしょうか。六年も学んでいながら、ほとんど話すことができないのです。

ところが、テープを繰り返し聞いて耳からの記憶を育てると、一年も経たずに英語が上手に話せるようになります。同じように、小さな子どもたちも目から学ぶのではなく、こうして耳で聞いて、覚えて、言語能力を育てているのです。

子どもには、幼いころから本を繰り返し読んで聞かせましょう。小さな子どもに本の読み聞かせを繰り返し行うと、子どもは本の内容をすっかり覚えてしまいます。間違った読み方をすると「違う」と言います。耳の記憶を育てた証拠です。

耳の記憶が育ったら、今度は聞いた話を自分で話させるようにしましょう。これができるようになると、子どもの頭の働きが変わってしまいます。頭が勝手に入力された情報の間に法則を見つけ、内容を新たに構成する力を育ててしまうのです。

こうして耳の記憶を育てた子と育てない子の間には、大きな素質の差が生じます。

塙保己一《はなわほきいち》は幼くして失明しました。しかし、母親が繰り返し本を読んで内容を覚えさせると、しまいには一回聞いただけでそっくり覚えてしまうようになりました。耳の記憶の訓練をしたお陰で、右脳記憶を育ててしまったのです。塙保己一は盲目でありながら、三三歳から七六歳までに、『正編五三〇巻六六六冊、続編一一五〇巻一一八五冊の『群書類従《ぐんしょるいじゅう》』を書き上げました。

このように、繰り返し聞かせて暗唱できるようにするのがよいのです。すると、それが普通の人がもたない記憶力を育てることになります。

子どもの能力を高く育てたいという願いは、すべての親の願いであると同時に、子どもを預かる私たち講師の望みでもあります。

能力にもいろいろありますが、あらゆる能力の基本になるのは記憶力です。

記憶力を高めるには、さまざまな方法があります。七田では『ペグ法（視覚イメージや語呂合わせなど、記憶の手がかり〈ペグ〉を用意しながら覚える）』『リンク法（単語と単語を結んで、お話を創作しながら覚える）』などの記憶法を子どもに教えていますが、最も基本的なのが、耳で聞いて覚える方法です。

耳で覚える記憶法はインドの伝統的な手法です。インドの小学校では、教科書を一切見ることなく、先生の発音を生徒が真似して暗記するという授業をしています。

耳で聞いて覚える方法は日本にもありました。例えば、昔のお寺の小僧さんは、和尚さんの言葉を耳で覚えました。難しい般若心経もそうやって覚えたのです。

意味が難しいから教えても無駄、と考えてはいけません。何度も読んで聞かせると、子どもはすぐ覚えます。これを繰り返し続けると、子どもたちは耳で覚える記憶力を身につけます。こちらの記憶力のほうが、目で覚える記憶力より質がよいのです。

子どもたちに繰り返し聞かせて、すっかり覚えさせましょう。覚えたら声に出して暗唱させましょう。これが『読み聞かせ暗唱』です。ただ、インプットだけを重視し、子どもたちが成果を口にできないというのは、抑えのきかない垂れ流しの授業です。きちんと課題を与え、暗記したかどうか確認することが大切です。三歳から上の教育では、アウトプットにも心を配りましょう。

筑波大学の教授だった加藤栄一氏は『天才がいっぱい』（太陽企画出版）という本のなかで次のように書いています。

次に教育。一九九一年三月一日、竹村健一氏のパーティーでソニー創業者、井深大《いぶかまさる》氏に会って「頭の良くなる法」を伺ったら「丸暗記をたくさんすることですよ。漢籍の素読、これを昔の日本人はやった。戦前にノーベル賞級の科学者たちが一〇人いますが、全員素読をやっています。湯川秀樹さんは、数え年四歳から素読を授かりました。そのとき、老荘は子ども向きではないと除けて、論孟を教えられたのです。しかし、湯川少年は、勝手に老荘も読んで面白く思った。それが後に量子力学が出来た時、スッと分かる原因だったのです。他の人には分からなかった。老荘のためです」と答えられた。

これは正しい。戦後教育は「簡単なものをまず覚えて、複雑なものへ」「理解して記憶する」という原則に転換したが、これはデカルト的であるが、オトナ的でもある。オトナの思考方法を子どもに押しつけるものであった。

真実は、子どもは「複雑なものを覚えるのが得意」「理解せず丸暗記するのが得意」なのである……。

このように、理解を求めず大量に暗記させることが、天才を育てる方法なのです。それが、右脳教育法です。暗記させることは単に物事を暗記するというだけにとどまりません。頭の質を変えるのです。

左脳教育では理解をまず求めますが、これは幼児の学習法ではないことを、よく知ることが大切です。七田の教材『暗唱文集』などを使って、子どもたちに大量の暗記をさせましょう。

完全記憶を育てるあそび
――『二〇〇コマ記憶』

子どもに高速学習をさせると、もう一つ違った記憶力を開きます。それは、高速学習は一度聞くと忘れないという「完全記憶」です。
完全記憶について、七田の教室での取り組みを参考になさってください。

高速学習について、C・Fちゃん（小二）は、暗唱を高速で言う練習をすることで、簡単に文章を覚える力を身につけてしまいました（彼女は『奥の細道』を二〇秒、『草枕』を五〇秒で言えます）。彼女以外にも一〇名程度の子どもたちが、三倍速程度のスピードで、短文、長文などを暗唱してくれます。

現在八〇名くらいの小学生がいますが、一年生も含めてみんな暗唱ができるようになり、活気あるレッスンになっていました。『五〇コマ記憶』もBOX単位の合格スピードを三〇秒に設定することにより、暗記の能力が普通の暗唱力でなく、超高速の右脳暗唱に変わりつつあります。

一度覚えたことは、三ヵ月後に聞いてみても高速でアウトプットできるようです。暗唱や『五〇コマ記憶』をできるだけ高速で言わせるようにスピードを加えたことで、『ウノリン』（右脳のイメージ力を育てる七田の教材）の記憶レベルが高くなってきました。現在四五秒で三六コマを毎回全問正解できる子どもが三人、二五コマ以上になると二〇名以上います。

暗唱のできる子は、絵もどんどんうまくなりコンクールに入選するなど、脳のなかで汎化（全体に能力の変化が起こること）が生まれているようです。

どうしても暗唱が苦手な子は、短冊方式で覚えやすくしてあげると、だんだん上手になっていくようです。

高速学習をすると、右脳にある高速自動処理機能や、高速大量記憶機能が容易に育つことが証明されました。

記憶には、左脳の記憶力と右脳の記憶力があります。

人が普通に使っているのは、左脳の記憶力です。学校で子どもたちが学習しているときに使っている記憶は左脳記憶で、左脳の記憶力が悪いと学校の評価は悪くなります。しかし、左脳の記憶の評価が悪くても、右脳の記憶力を引き出してあげると、たちまち記憶力のよい子に変身してしまいます。というのも、右脳の記憶はイメージ性の記憶で、一度見聞きしたことはイメージで完全に再現するという記憶の能力ですから。

子どもに、この右脳の記憶を育ててあげましょう。

『イマージェリー』という『一〇〇〇コマ記憶』の学習教材があります。一つのBOXには一〜五〇までの絵が描いてあります。これを見ながら、ノーマル、倍速、四倍速で吹き込まれたCDを聞き、CDに合わせて絵の名前を言っていくという記憶訓練です。これを行うことで、右脳の記憶が育ちます。右脳の記憶はイメージ性の記憶なので、この訓練をすると次に言う単語が絵になって見えてきたりするのです。

教室での取り組みをご紹介しましょう。

A君は現在小学五年生で、四歳のときに入室してきました。

いま、甲子園をめざして野球の練習に明け暮れています。彼は一一歳という年齢で、時速一五五キロという速球を打つことができます。大人でもプロでないかぎり、時速一四〇キロの球を打つことは難しいというのに、A君は時速一五五キロです。(中略)

去年の夏休みのことです。教室で一〇〇〇ペグを一気に覚えるのがはやり、A君に話したことがあります。「A君、大きくなって、どんな野球選手になりたいの？　草野球？　プロ野球？　イチローみたいな選手？」と聞くと、「すごーい選手になりたい！」と答えます。

さらに「じゃあ、野球やっている人はいっぱいいるけど、みんな体の差はそんなにないのに、どうして天才的な人や上手くならない人がいるか知ってる？　みんな手は二本、足も二本、目も二つ……。一緒なのにね」と言うと、「わからない」と返ってきました。

そこで私は「頭のなかの脳の働きが違うんだよ！　体を動かしているのは脳なんだよ。せっかく七田に来ているんだから、右脳を使って大きな選手になろうよ。でも、どうしたら使えるか知ってる？　いつものレッスンの他に一〇〇〇ペグをできるだけ、早く覚えてごらん！　頭の質が変わって、いままで使っていなかったところまで使えるようになるよ！　すごくびっくりすることが起きるから……。先生が保証する！　絶対やってごらん」そう話しました。すると一週間後に、A君は一〇〇〇ペグを覚えてきて発表しました。

そのころから、A君は野球だけでなく、半分諦めていた勉強までも一〇〇点を続けて取るようになったそうです。学校の先生からは「A君はとても勉強する時間がないはずなのに、いったいどんな勉強をしているのですか？」と聞かれたといいます。スポーツの能力が伸びると、同時に勉強の成績も上がることは、左脳では考えられません。右脳を使うと、頭の質が変わるのです。

計算力を育てるあそび
――『ドッツカード』

七田の教室で使う教材の一つに『ドッツカード』があります。三〇センチ四方の厚紙に、一～一〇〇までの赤丸をランダム（無秩序）に印刷したものです。

この『ドッツカード』を〇・五秒に一枚の速さで子どもに見せると、不思議なことが起こります。生来、右脳には不思議な計算力が組み込まれていて、どんな複雑な計算でも、ひと目見ただけで答えがわかる能力を備えています。ドッツの計算力は、右脳に生来組み込まれた能力で、機械的な刺激で回路を開きます。そこに理解や記憶は必要ありません。

ですから〇～六歳の間に、『ドッツカード』をぜひ高速フラッシュで見せてあげてください。

その際、大切なのはもっぱら入力を中心にし、出力はずっと後にすることです。親はとてもあせりがちで、入力と同時に出力を求めたがります。ドッツの計算力の発現は、言葉の発現の仕方に似ています。赤ちゃんは、最初はひたすら周りの人たちが話す言葉を聞いています。一歳を過ぎると徐々に言葉が出はじめますが、遅い子は二年経ってやっと話しはじめます。けれども、言葉が話せないという子はほとんどいません。言葉を覚えるというのもまた脳に生来組み込まれた能力の一つですが、周りに言葉がないと学ぶことはできず、言葉も出てきません。

ドッツの計算力も同じです。正解を出力する能力を、大急ぎで求めることはしないようにしましょう。正解を求める『どっちあそび』（ドッツの数を当てるあそび）をして、正解が出ないと、「この子はだめ」「失敗した」と思って、もう『ドッツカード』を見せなくなります。それがいけないのです。

ドッツの計算力は、右脳に組み込まれた生来の能力です。機械的な繰り返しの刺激で開けます。繰り返し行うことで、目に見えなくとも確実に回線が開かれているのです。

右脳を開くのに大切なのは、高速大量インプットです。これを続けると、あるとき自然に、高速自動処理機能が働きはじめます。ドッツの開け方も、「昨日までだめだったのに、今日になって突然わかるようになった」という開け方をします。いま正解できなかったからといって、失敗と考えないようにしましょう。正解しなくてもよいのです。ドッツを続ければ確実にその痕跡が残ります。そして、小学校入学後、その能力がとてもよく働いているのを知って、親も教師も驚くのです。ドッツで習ったところまでは、子どもの計算力がびっくりするほど速いのです。

たとえいまドッツに失敗したと思っていても、右脳の回路が確実に開かれ、よい結果が生まれたケースは少なくありません。実例をご紹介します。

小四の娘ですが、ドッツはできません。けれども、幼児のころに見たドッツの訓練の成果がいまになって出てきたのか、パッと見て覚える力、本を読む速さがすごいのです。

小三の後半に入ってからは、自分で自分の力を切り開いたというのか、イメージトレーニングとドッツの刺激があったためか、学校の授業がとても楽な様子です。

そこで思うのですが、ドッツは計算力をつけるばかりでなく、右脳を開かせ、吸収力を非常に速くするという副産物があるのではないでしょうか。

子どもたちは、右脳に計算機よりも速い、電光石火の計算力を秘めています。

この能力は、通常赤ちゃんのときから『ドッツカード』を使って引き出しますが、大きくなってからでも『イメージドッツ』の訓練で容易に身につけさせることができます。『イメージドッツ』で、すべての子どもたちに計算機よりも速い右脳計算力を身につけさせましょう。

七田の教室では、次のように『イメージドッツ』を行っています。

①床に横たわらせ、目を閉じさせる。

②『タヌキさんの呼吸』を三回させる。

③普通の呼吸に戻して「先生が三数えると、赤いドッツが七つ見えてくるよ」というように誘導する。そして三数える。

④「見えてきた？　見えてきたら手を挙げて」と言って確かめる。

⑤「赤い玉が三つ増えて、一〇になるよ。ほら、増えた。増えて一〇になったら、手を挙げて」と言って確かめる。

⑥「先生が『整列ピッ』と言うと一列にきれいに並ぶよ。整列ピッ。並んだ？」と言って確かめる。

このように先生が自由にドッツの数をいって、子どもたちにそのとおり見えることを確かめ、ランダムに見えているドッツを「整列ピッ」と言って、一列にきれいに並ばせましょう。

このようにトレーニングすると、自由に赤い玉（ドッツ）がイメージのなかで動かせるようになります。すると、目を開けていても同じことができるようになるのです。

左脳による計算と右脳による計算の違いについて、こんな話があります。

オランダの数学の天才ウィリアム・クラインは、一〇〇×一〇〇までのかけ算表を暗記しました。エイトキンは、このクラインとかけ算の競争をして、クラインに勝ちました。エイトキンは右脳の計算（無意識の計算）をして勝ったのです。彼は「暗闇からひょっこり答えが出てくる」と言っていました。

計算には、左脳でする計算（意識的な計算）と、右脳でする計算（無意識でする計算）があるのです。

幼児のころからそろばんを習うと、この無意識の計算ができるようになります。そろばんの四冠王と呼ばれる舞鶴の波多野優香さんは「暗算の問題を聞くと、頭のなかでそろばんがひとりでに動き、答えが自然に出てくる」と言っています。波多野さんは右脳で計算をしているのです。

学者が波多野さんがそろばんで計算しているときの脳をPETと呼ばれる機械で調べたところ、普通の人は計算するときに左脳を使っているのに、波多野さんは右脳を使っていることがわかりました。

何年か前の文化の日、テレビの特集番組で五歳の清水優美ちゃんが、六桁×三桁や六桁÷三桁の計算を数秒で暗算してみせました。優美ちゃんは、四歳のころからそろばん教室を経営するお父さんにそろばんを習い、その高い計算力を身につけたのでした。お父さんはそろばんの珠をはっきりイメージして見えるように指導したということです。

英語力を育てるあそび
――『七田式バイリンガル教育法』

〇～一二歳の子どもは、容易に外国語を身につけることができます。しかし、一二歳を過ぎると、それはいきなり難しくなります。だからこそ、ぜひこの時期の子どもたちに英語を身につけさせましょう。

バイリンガルの子どもを育てる方法は次のとおりです。

①『かな絵ちゃん（英語版）』を何度も繰り返し見せ、まず単語一六〇〇語を入力する。
②英語の絵本を見せ、CDを聞かせる。繰り返し聞かせて、暗唱できるようにする（まず五〇冊の暗唱を目指す）。
③英語の歌を聞かせて覚えさせる。
④ビデオを見せる。
⑤子どもの英語学習教材『パルキッズ』（現在、絶版）を使う。

子どもに英語を身につけさせるコツは、毎日周りに英語がある環境づくりをすることです。一日三〇分、英語にふれる環境をつくってあげれば、必ずバイリンガルに育ちます。

大切なのは、強制して教えないということです。子どもが楽しんで見る、楽しんで聞くという環境づくりをするのが成功の秘訣です。すると、英語が好きな子どもに育ちます。

⑤で紹介した『パルキッズ』の成果について、教室の先生のレポートを紹介しましょう。

四月より『パルキッズ』を始めて、右脳レッスンの効果をとても感じています。家でただCDを流し、二〇〜三〇枚のカード（ビデオ）を見せただけなのに、教室で見せるカードや英語の絵本を読めるようになってきました。

効果をはっきりと実感しはじめたのは、三ヵ月くらい経ったときです。はじめは何度も何度も教えないと覚えられなかったのに、高速でフラッシュしているものを数回見せたら簡単に覚えるようになり、四ヵ月目には五〇〇単語を記憶していました。

もちろん、単語だけでなく絵本も一度読めば覚えてしまうし、先生の質問にも英語で答え、自己紹介もできるようになりました。

幼いころに『さわこの一日』などを聞かせ続けたので、潜在意識に入っていた英単語がこれを機会に一気に溢《あふ》れ出すといった体験でした。

右脳教育法で子どもに英語を教えることによって、普通の英語教室の子どもたちとは全く違った質の子どもたちが育ちます。なぜでしょう。それは左脳はいくら学んでも外国語が話せるようにならない脳であるのに対し、右脳は語学を簡単にマスターする脳だからです。

右脳教育法ではカードフラッシュを大切にします。これは知識を詰め込むためではありません。右脳は高速リズムで機能するので、〇・五秒に一枚の速さでカードを見せると、見たものを瞬時に記憶するという驚くべき能力が育ってしまうのです。すると記憶の質が変わってしまいます。それまで記憶力に乏しかった子どもたちが、記憶の得意な子に変身してしまいます。

すると右脳の機能が同時に目覚め、絵本を読めば一度で覚えてしまうし、それまでに入力した英語の表現が潜在意識から呼び覚まされ、英語の語学力や表現力が動き出し、英語が話せる子どもたちが育つのです。

音感を身につけるあそび
――『イメージ学習』

音楽もイメージ記憶を利用したレッスンをするとよいでしょう。イメージ記憶は、一度見聞きしたことをそのまま再現できる能力です。この能力を上手に使った『イメージ学習』が、音感を身につけさせるのに最適です。

音楽の右脳記憶再現法は次のように行います。

レッスンを始める前に必ず、①瞑想、②呼吸、③暗示、④イメージを行います。これは単なる形式的な儀式ではありません。これをすることによって、子どもたちは右脳を使う意識状態に入ることができ、その後のレッスンを右脳で学ぶので成果が上がるのです。これを省くと、左脳状態で学習することになり、レッスンの成果はまるで上がりません。

子どもたちの脳の構造や素材は、みな共通しています。それなのに能力の差が出てくるのは、左脳教育に偏っているか、右脳教育をしているかによります。つまり、教師の側に問題があるのです。

人間の頭脳はふつう、自然の状態においては左脳的に働くようにつくられています。左脳が優位に働いて、右脳の働きを押さえ込むような構造につくられているのです。ところが、瞑想、呼吸をすると頭の働きが左脳から右脳へスイッチされます。その状態で暗示をかけ、イメージさせれば、そのとおりの結果が生まれます。

これこそが右脳の働きを引き出す基本の仕掛けであり、子どもの天才的な能力を引き出す方法なのです。

授業の前には、次のように瞑想、呼吸をさせ、右脳へ導くイメージをさせましょう。

「みんな、床に寝転がって眠るごっこあそびをしましょう。眠っている人は動かないよ。目も開いていないよ。おしゃべりもしないよ。ゆっくり呼吸して静かに寝ているんだよ」

子どもたちが静かに瞑想に入ったのを確認したら、次のように呼吸をさせましょう。

「さあ、そこで『タヌキさんの呼吸』をしてみよう。息を吐いてお腹をぺしゃんこにして。息を吸ってタヌキさんみたいにお腹を大きく膨らませて」

この呼吸を四回から五回繰り返した後、「赤い風船を想像して。赤い風船が見えてくるよ。見えてきたら手を挙げて」と言うと、子どもはスッと手を挙げます。赤い風船が実際にイメージで見えているのです。そこでイメージのなかで習ったことを復習させると、スッと習ったことがイメージしたとおりに身についてしまいます。モデルを見つけて、そのモデルになったイメージで学習させると、数回学習しただけでそのモデルどおりの技量が身についてしまいます。

アメリカの脳研究者ウィン・ウェンガー博士は、セミナーのなかで、メアリーというそれまでヴァイオリンに触ったこともなかったという女の子に、『モデル変身法』を使ってヴァイオリンを習わせました。

『モデル変身法』というのは、自分がその人のようになりたいと思う天才をモデルに選び、その天才の技能や技術をビデオで学んで、その人に成り切るイメージによって天才の才能を身につけてしまうというイメージトレーニング法です。

メアリーはイメージのなかで、モデルに選んだヤシャ・ハイフェッツに成り切ってヴァイオリンの練習をし、二週間後には見事な演奏をしてみんなをビックリさせました。

中川英二郎さん（二九歳）は天才的なトロンボーン奏者です。『文藝春秋』二〇〇一年二月号で発表された「二一世紀を担う日本のリーダー　この一〇〇人に投資せよ」の芸術部門に選ばれました。中川さんは五歳のとき、テレビでトロンボーン奏者の演奏を見て、「かっこいい。ぼく、この楽器をやりたい」と言い出し、音楽家である父親が友人に貸していたトロンボーンが返ってくるまで、イメージのなかでテレビの奏者に成り切って練習しました。すると、一週間後にトロンボーンが戻ってきたとき、初めて触るにもかかわらず見事な演奏をして両親を驚かせたといいます。

イメージ力の豊かな七田の子どもたちにとって、この『モデル変身法』は最も効果の高い天才教育法です。究極の脳力開発法といえるでしょう。

子どもたちに広く伝記を読んでやり、そのなかから自分がなりたいモデルを選ばせ、イメージトレーニングでその人物に変身させるとよいのです。五回、六回とその人物に成り切ったイメージをさせると、その人物の技量や才能を身につけさせることができます。

S・Y君は七田教室に通う子どもです。五歳三ヵ月でヴァイオリン教室に通いはじめましたが、三ヵ月経ってもめざましい進歩は見えません。

そこで母親が七田教室の先生に相談すると、「それは左脳で学習させているからですよ。S君は七田に通ってきているのだから、右脳のイメージを使って学習させればよいのです」とアドバイスされました。そこでお母さんは、S君にイメージでヴァイオリンを学習させることにしました。『モデル変身法』も取り入れました。一一歳の男の子がヴァイオリンコンクールで優勝したときの演奏をビデオで見せ、その子に成り切ったイメージをさせて、ヴァイオリンを演奏させたのです。すると、練習時間はイメージ学習を始める前より短くなっているというのに、S君は急速に上達して、八ヵ月でセミプロの人たちと演奏ができるレベルにまで達しました。信じられないほどの超スピードで上達したことに、ヴァイオリンの先生はとても感動されました。

お母さんも、七田式のイメージトレーニングと『五分間暗示法』なしでは、ここまでできなかったと言っておられます。

運動神経を育てるあそび
――『メンタルトレーニング』

右脳教育において、運動神経はどう育てたらよいのでしょう。

人間の脳は実際に体を使って練習したことと、イメージで練習したことを区別しません。ですから、子どもに「瞑想と呼吸」をさせた後でイメージで練習させると、たちまち優れた運動能力を発揮するようになります。

スポーツの練習では、「心・技・体」の三つの面にわたってトレーニングすることが必要と言われていますが、この三つのなかで一番大切なのは「心」なのです。メンタルトレーニングによってイメージのなかで練習すると、優秀な成績をおさめる子どもが育ちます。

実際に、イメージで運動の能力を上げた実例を見てみましょう。

水泳教室に〇歳から通っている小学二年生の男の子ですが、体格に恵まれたこともあり、一年生にあがったときには二〇〇メートル個人メドレーが泳げました。

しかしタイムが伸び悩み、進級テストを迎えるまで一年間、四分が切れずにいました。七田式を行っている子なので、進級テスト前にイメージさせることにしました。進級テストの一週間前から、車に乗るたびに次のようにイメージさせたのです。

まず息を吐きながらリラックスさせ、頭のなかに青い玉をイメージさせます。「目をつぶると青い玉が見える」と言うので、次は自分がプールのスタート台に立ち、記録を測る場面を周りの様子に至るまで（先生の顔、友達の顔、何コースで泳ぐなど）イメージさせました。「どんな様子が見える？」と聞くと、目をつぶったままイメージでどんどん話してくれました。「用意、どん！」とスタートの合図をしあげると、イメージのなかで泳いで「終わった」と言います。「先生のストップウォッチ何分だった？」と聞くと「三分五九秒だった。先生が合格と言って握手してくれたよ」と言いました。

次の日もまた「イメージ練習をしよう」と目を閉じさせると、プールに自分がいるイメージが出てきたので、「用意、どん！」と言ってあげました。この日は「三分五五秒だったよ」と、前日より速くイメージのなかで泳げました。

次の日は「三分五〇秒のストップウォッチを先生が見てくれるよ」とあらかじめ指定し

て、イメージをさせました。いよいよ記録がとられる当日、合格して先生や友達、お母さんなど、みんなが「よくがんばったね」と喜んでいる様子をイメージさせました。

さて、進級テスト当日の実際の記録はというと、三分五〇秒四の自己ベストタイムで見事合格でした。それも、いままでは泳いだ後、「苦しくてたまらない」と言っていたのに、「今日は全然苦しくなかった。体が龍になって泳いだんだ」と言っていました。

一ヵ月前の記録は四分一〇秒だったのです。一年間きつい練習を続けて一〇秒縮めるのがやっとだった子が、一週間のメンタルトレーニングで二〇秒も短縮したのです。

岡崎市　T・Oさん

速読術を身につけるあそび
――『一分間書き出しトレーニング』

速読トレーニングもまたイメージを使うと簡単です。

子どもに瞑想、呼吸をさせた後、イメージで速読をさせ、その後、実際に書き出し訓練をしていけばよいのです。

速読は簡単です。誰の手も借りずに、子ども一人の力で成し遂げることができます。

用意するのは、誘導テープ、本、原稿用紙、鉛筆だけです。誘導テープにはあらかじめ、瞑想、呼吸、暗示、イメージ、そして速読開始の合図と、一分後のストップの合図を入れておきます。これさえつくっておけば、あとは毎日子ども自身がカセットのスイッチを入れ、書き出しトレーニングができます。

誘導テープには、次のように吹き込むとよいでしょう。

「さあ、速読の準備はできているかな。それでは目を閉じて、三回深呼吸をしましょう。ゆっくり普通の呼吸に移して。

さあ、みんなの頭のなかにはテレビがあって、そこにきれいに絵が映るよ。それでは、今日も速読している自分の姿をイメージしましょう。ほーら、先生が「始め」と合図をしたよ。みんなは本を開いてどんどん読んでいきます。書かれている字が頭のなかにポンポン飛び込んでいくね。全部頭のなかに入ってしまったよ。

ほーら、先生が「やめ」と合図したよ。みんなは原稿用紙に向かって鉛筆を走らせます。スラスラ鉛筆が動くよ。すっかり原稿用紙いっぱいに書き出せたね。

さあ、目を開けて。速読訓練が始まるよ。一分間でできるだけ読みましょう。

用意、始め！

（一分後）

やめ！　さあ、原稿用紙に書き出しましょう」

読ませる本は、講談社の青い鳥文庫『イソップ童話集　北風と太陽』を利用するとよいでしょう。他に『グリム童話集』の一〜四巻、『シートン動物記』の一〜三巻などがあります。

これを毎日続けると、三ヵ月でほぼ全文が書き出せるようになります。六ヵ月を過ぎるころには、無関心だった親でもその成果に気づきます。

あるお母さんからは、こんな電話をいただきました。「○○ちゃん、どうして教科書を見て答えないの。ちゃんと見なきゃだめよ」と子どもに注意したときのこと、「だって、一度読むと頭に入るもの」と答えたので確かめたところ、本当にそのとおり一度読んで覚えてしまうことがわかったといいます。その子は先日のレッスンで、みんなの前で速読を実演してくれました。そして、「みんなも毎日三ヵ月続けると、できるようになるよ」と教えてくれました。

この方法なら先生もお母さんも手間入らず、とても簡単に速読力は身についてしまうのです。

健康な体をつくるあそび

——『小人になるイメージトレーニング』

子どもに小人になるイメージを教えましょう。瞑想、呼吸をした後で、目の前のスクリーンに自分が小人になった姿が映る暗示をすると、子どもは実際に自分が小人になったようにイメージできます。その体が豆粒くらいになり、米粒くらいになり、砂粒よりも小さく、目に見えない原子サイズになるまでどんどん小さくしていき、最後に「どこにでも入って行くことができるよ」と教えましょう。そうして、いろんなもののなかに入るイメージトレーニングをさせるのです。

まず、花瓶に花を一輪挿して、子どもたちに小さくなって花のなかに入り、水がどのように吸い上げられているか、茎の断面がどうなっているかなどを見てこさせましょう。

見てきたら、見てきたとおりの様子を絵に描かせます。そして実際に茎を切り、子どもの描いた断面図と比べてみたりしましょう。ある教室では、レモンのなかに入ってこさせ、その断面図を描かせたところ、本当にそのとおりの断面図を描きました。

これができるようになると、今度は人の体のなかに入って悪いところを見つけ、そこを治して出てくるイメージをさせましょう。すると、子どもはイメージで人の病気を治す力を身につけてしまいます。

五歳になる長崎のM・Kちゃんは、その方法を覚え、いまでは兄弟や両親、知人の病気までイメージで治せるようになりました。

昨年の暮れ、一家中で風邪をひいたときのことです。生後一ヵ月の弟が肺炎になり、明日から入院という前日、お母さんが「弟の体のなかに入って悪いところを消してきてくれる？」と頼むと、Mちゃんはうなずいてイメージを始め、やがて「胸のドロドロした白いものをみんな取っておいたよ。鼻のつまりも取っておいたから、もう大丈夫だよ」と言いました。実際に翌日になると、弟の病気は治っていて、入院を免れました。

次に三歳の妹が肺炎にかかり入院しましたが、これも母親に頼まれて妹の体のなかに入り、悪いところを消すイメージをしました。すると、三週間の入院予定が、翌日にはもう治っていたといいます。

小さくなって体のなかに入り、病気を消すイメージを教えると、子どもたちはみな、この能力が使えるようになり、自分のちょっとした病気はすべて、イメージでスッと消してしまいます。病気がちな子どもも、この小人のイメージですっかり元気になることができます。障害児にこれを教えると、自分で悪いところを全部消して、賢く元気な子どもに変身してしまいます。

小人になって、母親の友人の足をヒーリングした子もいます。

T君は七田の小学四年生コースに通っています。T君のイメージ力は、いろいろな場面で活用されていますが、とくに「ヒーリング」に役立てられることが多いようです。

先日、T君のお母さんの友人が足の痛みで入院しました。痛みの原因は、膝の軟骨の変形によるものです。

その友人をお母さんとT君がお見舞いに行ったときのことです。お母さんがT君に「おばちゃんの足の痛み治してみて」と話したところ、T君は二つ返事で「いいよ！」と答え、友人の膝に手をあててイメージを始めました。その友人は昔からT君のことをご存知で、またT君の不思議な力も理解していました。

一〇分ほど経って「もう大丈夫だよ！」とT君が手を離すと、膝の痛みがスッと消えた感覚が友人にはあったそうです。

その後も痛みを感じることがなかったため、友人は病院の先生に手術を見合わせるようお願いしたところ、「簡単な手術ですから、せっかく入院したことですし、行いましょう」とのこと。それでも強く希望を伝え、もう一度レントゲン撮影して、結果が悪ければ手術をするという約束をしました。すると、手術で削るはずの骨がすっかりきれいになっていたのだといいます。これには、担当の医師も驚き、手術を見合わせることに応じてくださったそうです。

「奇跡と思われることが、実はイメージを使うことで誰でも可能になる」ということを、T君は教えてくれました。

これからも、一人でも多くのお母さん、そして子どもたちが、イメージの力を使いこなして、素晴らしい人生を歩むことができることを強く願っています。

第6章　子育ての悩みと七田式解決法　33問33答

七田の教室では、保護者の方に会報誌をお配りしています。ここには、お母さん方の悩みに私が直接お答えしている「悩み相談Q&A」というコーナーがあり、子育ての参考にしていただいています。実例のなかには、読者のみなさんにとっても身近な悩みや心配事が多いと思います。この章では、寄せられた33の質問と私が出した33の答えを紹介します。前章までに書ききれなかった細かな疑問、デリケートな問題についても、具体的な解決策を講じています。みなさんの子育てにも、ぜひお役立てください。

1.「右脳が開けた」状態とは？

いま六歳の息子がいます。右脳が開けたとは、何をもって言うのでしょうか。「右脳が活性化している」のと「右脳が開けた」という状態は、どう違うのでしょうか。例えば、『四〇コマ記憶』ができるようになることなのか、発想やひらめきをもって、どんどん発言したり、人に対して思いやりをもつことができるようになることなのか……。具体的に教えてください。

東京都　Oさん

A　七田では、右脳が開けた状態を「イメージが見える能力が育ち、それを使いこなせるようになった状態」と定義しています。イメージが見えるようになると、『ESP遊び』も一〇〇％正解できるようになり、右脳記憶（イメージで見たものをひと目で記憶する能力）や速読の能力、右脳計算力、絶対音感なども開けます。さらに、右脳教育で右脳が活性化すると、人との一体感や人への思いやりがもてるようになり、発想やひらめきがどんどん出てくるようになります。すると、イメージ力がますます育ち、「右脳が開けた」状態になるのです。

2．数列を大量記憶する意味は？

さて、教室での取り組みについての質問です。円周率を二〇〇桁、三〇〇桁……一〇〇〇桁と覚えることと、一〇〇桁ずつでも他の数列（ルートとか）を覚えることと、どのような意味の違いがあるのでしょうか。取り組みに無駄なことは一つもないと思いますが、円周率ばかりやるより、他の数列もやったらどうかと主人が言います。覚える過程（話をつくってペグで覚えていくこと）が大切だとも思っていますが、どうせ覚えるのだからと言われると、私にも説明できません。よろしくお願いします。

埼玉県　Nさん

A　円周率を覚える訓練（というよりもあそび）は、大量に桁数を増やしていくことに意味があります。他の数列も覚えるというのは、やはり左脳的な発想です。

右脳教育では、知識としての記憶をしようとしているのではありません。高速大量インプットすることで、数列がイメージでスッと覚えられ、スッと記憶が出てくるという、右脳の数列イメージ記憶力、イメージ操作能力を育てようとしているのです。

他の数列を覚えるのが悪いと言っているのではありません。円周率記憶で数列を簡単にイメージ記憶する能力が育てば、他の数列を覚えるのはとても簡単になります。もし、他の数列の記憶も必要だと思われるのであれば、家庭で教えてあげてみたらいかがでしょう。

3. 暗示法は心を抑圧しない？

『五分間暗示法』は何度か試みて効果を実感していますが、一つ不安に思っていることがあるのでお尋ねします。暗示は断片的に、とのご指導ですが、言葉の使い方を誤ると、子どもの心を抑圧してしまうのではないかと心配です。暗示があまりに効くので、子どもの感情を自分の都合のいいように操作しているような気分になり、「本当にこれでいいのだろうか」「これは子どもにとって自然なことなのかしら」と不安になります。

名瀬市　Kさん

A『五分間暗示法』について心配しておられますが、悪い暗示を使わないようにさえしてくだされればよいのです。何がよい暗示で、悪い暗示か、お母さんにはわかるはずです。

暗示は子どもの心を抑圧するのでよくないという考えが一部にあるようですが、お母さんが毎日子どもにかけている言葉そのものが、すべて暗示といえます。「だめね、どうしてできないの」「お母さんの言うことをちゃんと聞かないからでしょ」などは子どもの心を抑圧する言葉です。
反対に「あなたは心のやさしい、いい子です。周りのお友達を幸せにします。みんなが〇〇ちゃんとあそぶのは楽しい、と言っています」という暗示は、子どもの心を大きく開放する暗示です。無神経に毎日かけている言葉のほうが、子どもの心を抑圧する暗示となっているということを知ってください。そんなマイナスの暗示から『五分間暗示法』で解放してあげるのだと考えれば、安心して実践できるのではないでしょうか。

4. 胎教はいつから始めるか？

いま、妊娠三ヵ月目に入ったところです。胎教の大切さを聞き、できるだけのことをしてあげたいと思っています。胎児にも意識があるので話しかけるとよいといいますが、もうこの時期でも子どもの意識は芽生えているのでしょうか。話しかけていれば通じるのでしょうか。それとも、いまの時期はそっとしておいてあげたほうがいいのでしょうか。

福岡県　Ｉさん

Ａ　妊娠三ヵ月の赤ちゃんに、左脳的な意識はまだありませんが、無意識の心は働いています。ですから、いまからお母さんの思いを伝えてあげてください。愛情を込めて話しかけてくださされば、きちんと通じます。

福井県のMさんは、胎児には一ヵ月でも二ヵ月でも親の心を理解するテレパシーの働きがあると知って、おめでたとわかったときから心を込めて話しかけました。

妊娠三ヵ月のとき、病院で超音波診断装置でお腹の様子をモニターに映し出してもらった折に、Mさんは赤ちゃんに心のなかで「動いてみせて」と頼みました。すると三ヵ月の胎児はその思いをきちんと理解して動いてみせたといいます。五ヵ月のときには、モニターに映し出された顔が横を向いていたので、医師が「こっちを向いてくれないかな」と言うと、きちんと正面を向いてくれたそうです。

胎児には親の思いがすべてわかります。心から愛情を伝えて、「健康に育ってね。生まれるときは自分の力でスーッと生まれてね」と頼んでおくと、そのとおりに生まれてきてくれます。

だからといって、このころから知識を教え込もうと考えてはいけません。胎教というのは知識を教え込むことではなく、母親が胎児に愛情を伝え、母子の心を通わせることです。すると、右脳の能力が開けたすばらしい赤ちゃんが生まれてきます。

5.「ほめる」と「叱る」の加減とは?

七田先生はよく、子どもは叱らずにほめ、依頼語を使うようにと言われていますが、それでもどうしても叱らなければならないことがあります。「ほめること」と「叱ること」の加減がよくわからないので、アドバイスをお願いします。

大阪府　Cさん

A　たしかに、子どもを叱らなければならない場合があります。何でもよしよしと許してしまうと、自分のわがままを抑えることができない子どもが育ちます。心の知能指数＝EQというのがありますが、これは、①自分のわがままな感情をコントロールできること、②人へのやさしい思いを育てていること、この二つが基本です。

では、どうしたらEQが育つのでしょうか。

EQを育てるためには、小さいときから、①人に迷惑をかけるようなこと（わがまま）はいけない、②人を傷つけるようなことを言ったりしてはいけない、この二つをしっかり教え、もしこれに反する行為があれば言い聞かせることが必要です。そして、「もしそれでも聞かないときは叱るよ」と子どもと約束してください。それでも、子どもがわがままを通し、人を傷つけるようなことを言ったら、きちんと叱ってくださることが大切です。

6．「認めて育てる」子育てとは？

私は五歳と一歳の姉妹の母親です。「認めて育てる」とは、どういうことなのでしょうか。下の子にまだ手がかかり、世話をしていると、上の子はやはりまだ甘えたいのか、着替えなど自分でできることも「一緒にやって」と言ってきます。いまはそれを受け入れて一緒にしていますが、着替えに限らず「何でも自分からすすんでできるようになる」ことを望んではいけないのでしょうか。

愛知県　Uさん

A　子どもに「自分で着替えなさい」のように命令形で言葉をかけると、子どもが親の思いどおりに動いてくれないのは、すべての母親が体験している事実でしょう。

ところが、「～してくれる？」の語りかけでお手伝いを頼み、してくれたら子どもを抱きしめて「ママを手伝ってくれてありがとう。ママは○○ちゃんが大好きよ」と子どもを認めてあげると、子どもは途端に心を開き、自分から心を動かして、「もっとする」と手伝うようになります。命令語は心を閉ざしてしまうのに、依頼語で頼むと自分でしようという意欲が出てきます。それが子どもを「認めて育てる」ということです。

させたいと思うことを（例えば自分で着替えさせたいなど）、そのとき直接言って聞かせようとしてもだめです。別なときに子どものできるやさしいお手伝いを頼み、それができたら、認め、ほめ、愛情を伝える言葉がけをしてあげると、閉じていた子どもの心が動きはじめます。そして、お手伝いを喜んでするようになると、自分のこともすすんでできるようになります。

7. 親が穏やかな心を保つには？

六歳、四歳、二歳の三女児をもつ母親です。親が心の穏やかさを保つ方法を教えてほしいと思います。「認めて、ほめて、愛して」子育てをしたいと思いますが、自分自身さえ「認めて、ほめて、愛して」あげられていないのではと、疑問を抱くこのごろです。　神奈川県　Mさん

A　親が変わらないと子どもは変わりません。まずお母さん自身が、自分の変わった姿をイメージしてくださるのがよいのです。

寝るまえに床のなかで目を閉じ、深い腹式呼吸を繰り返しましょう。するとイライラした気持ちが消え、とてもリラックスした気分になれます。そのとき息を吐きながら、「心も体もリラックスする。吐く息に合わせて悪いエネルギーがみな出ていき、吸う息に合わせて宇宙エネルギーが体いっぱいに満ちる」とイメージしてください。それから本当の自分の姿をイメージしてみましょう。いまの自分は仮の自分です。それは、自分で「私はこうだ」と思い込んでいる姿です。あなたのなかにもう一人の自分がいます。それは愛に満ちたあなたで、周りの人に愛を注ぎ、周りの人からも慕われるあなたです。まず、あなたから周りの人を愛してください。するとその倍の愛が返ってきます。人々が自然にあなたを認め、ほめてくれます。

毎晩こうイメージして、就寝してくださるとよいのです。あなたのイメージしたとおりのことが、現実の自分の身にあらわれます。それが右脳の力です。

お母さんが変われば、周りの人が変わりはじめます。あなたを認め、ほめ、愛してくださるようになるのです。そうすれば、子どもに対しても「認めて、ほめて、愛して」あげられるようになるでしょう。

8．体罰は本当にいけないか？

現在二歳一一ヵ月と一歳七ヵ月になる息子がいます。以前、七田先生の講演でお聞きした「子どもを叱るときは絶対に叩かないでください」という言葉が、日々の生活のなかでいつも心に引っかかっています。ある本にも「どんな場合にも体罰は絶対にいけません。悪いことをしたからといって手や尻を叩いたり、つねったりすると、ストレスを生じさせ、子どもにとってマイナスになります」とありました。

しかし、二歳くらいになると、こちらの言うことがわかるようになってきているにもかかわらず、ふざけて言うことを聞かなかったり、弟や他の子どもに危ないことをすることがあり、そんなときは叩かずにはいられません。また、叩かず態度で示そうとすると、大声を出して叱らねばならず、子どもが怯え、結局は叩いているのと同じではないかと思ってしまいます。

叩いたからわかってもらえたと感じるわけではありません。しかし、昔は叩くことも愛情だと言われていましたし、親が子どもの手やお尻を叩く光景もよく見ました。それでも、やはり叩くことはいけないのでしょうか。やってはいけないことを、どう教えればいいのでしょうか。

次男のほうには、こちらの言うことがまだ感覚でしかわからないので、こうしたらだめだと説明するだけです。次男に対しても、これでいいのかと思っています。　札幌市　Kさん

A　私の子育てを振り返ってみても、子どもを叩いた覚えはありません。子どもたちも「叩かれた覚えはない」と言っています。また私の子ども時代を振り返ってみても、親に叩かれた覚えはありません。子どもがいけないこと、間違ったことをしたときは、よく言って聞かせるとわかるので、叩く必要がないのです。大切なのは、そのような場面をつくらないようにすることです。

叩かないで放っておけばよいというのではありません。子どもの見方を変え、親の接し方を変えると、親と子の心が通い、言って聞かせるとわかる素直な子に変わります。親が変わると子どもが変わるのです。親が子どもに心からの愛情を伝え、やさしくなってくださると、子どもも心のやさしい、素直な子に変わります。叱ること、叩くことを考えるより、まずお母さんが変わることを考えてください。

子どもが叱られるような場面をつくるのは、親に叱ってもらいたいからではなく、もっと認め

てほしい、愛してほしいという無意識の心からです。認めてほしい、愛してほしいと訴えているのに、叱ったり叩いたりしては、子どもの心は満たされません。そうして、より一層言うことを聞かない子、反抗的な子になってしまいます。

どうぞ、子どもに喜びの言葉をかけてあげてください。必ずや、子どもは変わります。

9. 父親は子どもにどう関わるか?

主人は仕事一途なので、子どもと接する時間がほとんどありません(休日も返上して仕事。たまの休みは骨休みと称して一日中寝ている)。そのためか、子ども(八ヵ月)がなつかず、主人もあまりかわいがりません。たまに抱くと火がついたように泣くので、いまでは抱かなくなりました。悪循環が続きますが、これを断ち切るにはどのようにしたらよいでしょう。子どもには「お父さんが大好きヨ」と『五分間暗示法』をしていますが、まさか主人に『五分間暗示法』をするわけにもいかず……悩んでいます。

愛知県　Uさん

A　これはやはり、ご主人に子どもとのスキンシップの大切さをわかっていただくより他ありません。このままでは、子どもとの心の絆が育たず、それが一生尾を引いて、ご主人と子どもとの関係が他人のようになってしまうことを、よくよく理解していただく必要があります。

いまご主人に必要なのは、赤ちゃんとの接し方を知っていただくことです。いきなり抱いてはだめなんです。

まず、お母さんとお父さんがにこやかに話している様子を赤ちゃんに見せてあげてください。すると赤ちゃんが、お父さんを少しずつ受け入れるようになります。そこで、今度は赤ちゃんに笑顔を見せ、語りかけるようにするとよいのです。慣れたら今度は抱いて、語りかけながら一緒に部屋のなかをしばらく歩き回るなどして、徐々にお子さんとの関係を深めていきましょう。

ご主人にお子さんとの接し方がわかり、赤ちゃんがご主人に笑顔を見せるようになると、ご主人も暇をみては赤ちゃんに声をかけてくれるようになります。きっとすばらしい父と子の愛情関係が育ち、子煩悩《こぼんのう》なパパに変わってくれるでしょう。

10．父親と母親の役割分担は？

私は常々、「子育て」は両親が力を合わせてしていくものだと思っています。いくら母親だけが目いっぱいの愛情を注いだとしても、父親が仕事にかまけて知らんぷりでは、何にもならないと思います。その点、わが家は父親も積極的に参加してくれているほうだと思います。

そこで質問ですが、父親と母親のしつけ面での役割分担というのはあるのでしょうか。というのも、二人で同じことを注意したときでも、私の言うことは聞くのに父親ではだめ、またその反対の場合もよくあるからです。

東京都　Tさん

A　子育ては父親と母親がそれぞれ助け合ってするものです。

まず母親が父親をきちんと立てることが大切です。一家のなかに「敬」がなくてはいけません。「敬」とは、お互いに尊敬し合い、尊重し合うことです。子どもにも「敬」の念を向けてください。子どもの悪いところを見つけて小言を言うよりも、両親でほめてください。一家のなかに「敬」があると、すべてうまくいきます。

また、子育てをするときの父親の主な役割は、次のとおりです。

①母親の足りないところを補う。
②子どもの心を育てることを考える。
③母親のストレスを少なくするように、極力子育てに協力する。
④父親は子どものモデルとなって、手本を示す。

父親の役割の基本は、母親の子育てをサポートし、父親らしいダイナミックな方法で子どもと接することです。休みの日など、外で一緒にあそんで子どもの体を養ったり、父親の大きな立場から子どもを見て、子どもの愛を育てるように心掛けましょう。なかでも、子どものモデルとなりうる父親であることは、最も大切な役割といえるでしょう。

11．共働き夫婦の子育ては？

私は小一と年中の娘をもつ母親で、現在、妊娠九ヵ月です。私はフリーで仕事をしており、一日中忙しいことが多く、夜も週に四日程度しか一緒に過ごしてやれません。せめて一緒にいるときはと思い、『五分間暗示』を実践していますが、それだけで時間切れになってしまいます。

産後も二ヵ月ほどで仕事に復帰しなければならず、子どもと共有できる時間の少なさに日々焦りを感じています。

このように限られた時間のなか、子どもとどのように過ごしていけばいいのでしょうか。

福岡市　Mさん

A　共働きで両親が忙しくしておられる家庭は、最近ではごく普通になっています。そのような家庭では、子どもとゆっくり接する時間がないのが共通の悩みです。

子どもと過ごす時間が限られている場合は、「できる範囲で接していけばよい。それ以上はできない」と割り切っていただくことが大切です。できないことをしようと望むと、焦りが生まれ、子育てがストレスに変わってしまいます。

そう割り切ったうえで、しっかり愛情を伝えることを一番の目標にしましょう。愛情がしっかり伝わっている子どもは、よく言って聞かせると親の生活や忙しさを理解し、自分で自分のことを考えてする子どもになります。

子育てで大切なのは、いま自分が何をすればよいか、自分で考えることができる子どもを育てることです。いま自分のおかれている環境は、むしろ子どもにそういったことを教え、身につけさせるよい場であることを理解し、自分で考え、行動できる子どもに育てようと考えてください。現在の環境が、たちまちプラスの環境になります。

もちろん、子どもにしっかり親の愛情が伝わっていることが基本です。限られた時間はたっぷり愛情を伝えるために使い、知識を教えるのは子どもをみてくれる人にお任せするという気持ちが大切です。そのためには、安心して子どもを任せられる人を、しっかり見つけましょう。

12．母親同士の近所付き合いは？

近所に同じくらいの子どもをもつお母さん方のグループがあり、それに入っていない私と子どもは毎日疎外感と息苦しさを感じています。家同士の行き来が全くなく、また子育ての価値観も違うことが理由です。そのグループとは、私も子どもも合わないと思っていますが、ただ子ども同士の交流がないので、私の子どもだけが独りぼっちです。

いまのところは一人あそびが好きなようですが、そろそろ四歳ということもあり、少しがまんしてでも仲良くして、子どもを仲間に入れてもらったほうがいいのでしょうか。

また、子どもが幼稚園に通うようになったとき、免疫が弱いためにいじめにあわないだろうかと、とても心配です。

私としては、もっと自信をもって保育していきたいのです。今後どのようにしていけばよいのか、アドバイスをお願いします。

兵庫県　Sさん

A　お母さんがまず、上手に近所付き合いをしないといけません。お母さんが上手に近所付き合いできるようになると、子どもも同じように子ども同士のグループの輪に入って、楽しくあそべるようになります。
いっぺんにすべてのお母さんと仲良くなろうと思わずに、まず近くのお一人を選んで、「田舎から送ってきたものですけれど、食べてください」などと、きっかけづくりをしてみてはいかがでしょう。

心を開いて話しかけられると、相手もきっと心を開いてくださいます。話をしてみると同じ年ごろの子どもを育てていることもあり、共通の話題も見つかるでしょうし、案外心が打ち解け合って話が進んでいくものです。

きっかけづくりができれば、さらに関係を深めるようにしていってください。大切なのは自分のなかに、人に対するやさしい愛の気持ちを育ててくださることです。人から愛を求めようとするのではなく、お母さんのほうから周りの人々へ愛を示してくださることです。お母さんが愛の中心になって周りの人々に接してくださると、きっと愛の輪が広がっていきます。

夜寝るときは、お母さん自身がそうなった自分をイメージしながら毎晩お休みください。すると、右脳の力できっと実現します。人とうまく付き合えないというイメージを捨て、周りの人と上手にお付き合いしているイメージをしてくださることが、何よりの打開策です。

13. 取り組みをふざける子は？

五歳の息子がいますが、教室でイメージトレーニングを真面目にやりません。「そんなのやりたくないよ」とふざけてしまいます。呼吸、瞑想、暗示なども同様です。「きちんとやりなさい」と注意をするのですが、聞きません。他の取り組みはきちんとやっているのですが、どうしたらいいのでしょうか。

東京都　Aさん

A　このようなお子さんの場合、胎児からの取り戻しをしてくださるとよいのです。子どもを膝の上に抱いて、体を愛撫しながらお腹のなかのときのことを語ってあげてください。

もし抱かれるのを嫌がるようでしたら、妊娠中に無意識の心に悲しい傷を負っていることが考えられます。そのときは、お母さんが妊娠中に子どもの心を傷つけたことがないか思い出して、よく反省してください。八四ページで紹介した『抱っこ法』で思い当たることを心から謝ってくださると、子どもは「それが悲しかった」と言って自分の心の傷に気がつきます。その後、母親が心からの愛情を伝えると、子どもが一変してしまいます。

教室の先生から寄せられたお便りから、同様の実例をご紹介しましょう。


B君は入室してから七ヵ月経つ四歳の男の子です。〇歳のころから熱心に教育していたということで能力は高いのですが、大変落ち着きがなく不思議に思っていましたら、やはり胎児期に悲しい思いをもっていました。妊娠中、母親は苦しいことが多く、それを子どものせいにしたそうです。ところが、お母さんがそれを謝り、愛情を伝えると、B君も落ち着いて穏やかにレッスンに取り組むようになりました。

どうも叱られることが多く、愛情に自信がもてなかったようです。それが『抱っこ法』によってすっかり変わり、素直な意欲のある子になりました。

14・集中して取り組めない子は？

息子は四月から教室に通いはじめ、七ヵ月になりました。他の生徒さんたちは静かに先生のお話を聞けるのに、うちの子だけは大きな声を出したり、ときには眠ってしまうこともあります。どうしたものかと悩んでおります。

愛知県　Kさん

A　子どもは一人ひとり個性をもち、一節一節変化を見せながら成長しています。いまの状態は一時の過程で、ずっと続くわけではありません。子どもの成長を信じて、大きな目で見てあげてください。

いましていただく対策としては、『五分間暗示法』が一番よいでしょう。子どもが寝入ったときに「〇〇ちゃんは立派な人です。大きくなって周りの人を幸せにする思いやりの深い人になります。〇〇ちゃんは教室でみんなと調和して、楽しく過ごすことができます」と暗示を入れてあげてください。

同時に、お母さんもわが子がそのように集中して学ぶ姿をイメージしてください。するとイメージは現実となり、取り組みに集中できるようになるでしょう。

15．取り組みに効果的な時間は？

子どもは現在七ヵ月。入室して一ヵ月になりますが、レッスンにあまり集中していません。だいたいは眠いとぐずってしまうのですが、眠い時間帯がマチマチで困っています。どのようにして五〇分授業を受ければよいのでしょうか。

自宅ではカードや絵本を見せても、触ったり舐《な》めたりしています。そのような状態でも、続けたほうがよいのでしょうか。

大阪府　Aさん

A　子どもが毎回眠たくてぐずるようでしたら、その時間帯は避け、眠った後の頭の冴えている時間帯を選んでくださるのがよいのです。また、子どもが喜んで集中する取り組みを中心にするべきです。例えば、音を鳴らすあそびや、手で触って感覚を育てるあそびなどは、どの子も喜ぶ取り組みです。

この月齢は集中力がまだ長く続かないので、カードや絵本に取り組む時間は少なくし、すぐ別の取り組みに切り替えるようにします。その月齢の子どもが興味をもち、集中するような取り組みを考え、一つひとつの取り組み時間を短くするのがポイントです。カードも一度にたくさん見せるよりは、二度、三度に分けて集中して見ていることを確かめながらするのがよいでしょう。

いかに集中力を引き出すかがポイントで、集中力がないのにダラダラさせていても、よい結果は得られません。

16. 家と外で自己表現が異なる子は？

一歳一ヵ月になる息子は、教室では音楽が鳴ってもビデオを見せてもジーッとしているだけですが、家に帰って課題テープをかけてあげると、人が違ったかのように手振り、身振り、ときには立ち上がって飛び跳ねて踊ります。この姿を教室の先生方にお見せしたいのですが……。どうしてこのようになるのでしょう。

新潟県　Kさん

A　家と教室の姿がまるで違うという子どもがよくいます。私自身が幼いころそうだったので、よくわかります。外では気恥ずかしいのです。自分を思いきり表現できないのです。ところが、慣れたわが家では遠慮なく、自分を表現できます。

この癖は小学一年生の終わりごろまで続きました。そのころになると、自分の位置づけがわかり、自信も育ち、みんなに慣れたこともあって、自分を表現できるようになりました。

ですから、子どもの成長を大きな目で見てあげてほしいのです。家でしっかり能力を発揮させていれば、いつか何かのきっかけで自信を育てたとき、子どもは変わりますから。

いまできる解決策としては、家で教室ごっこをしてくださるとよいと思います。家を教室に見立て、子どもをみんなの前に立たせて、「いまから○○を発表します」などと言って、飛んだり跳ねたりさせるのです。教室のリハーサルになるように。

そのうえで、夜寝る前の『五分間暗示法』も試みてください。「明日、○○ちゃんはみんなの前で上手にお話ができます。手を挙げて発表することができます」というように、暗示を入れてあげましょう。

17. 子どもが二人いるときは？

二歳と一歳の子ども二人が通っています。

家での取り組みですが、どうしても姉のほうに合わせてしまい、妹にまで手が回りません。二人子どもがいる場合、どのように取り組んだらいいのでしょうか。午後からは外あそびやお昼寝が入るので、課題はなるべく午前中にしています。

北海道　Yさん

A　子どもが二人いる場合、上の子にはなるべく自分でさせるようにし、下の子により手をかけるようにするとよいのです。すると、上の子に自分でする力が育ち、まだ自分では何もできない下の子に、より手をかけることができます。

こうするためには、お母さんがまず上の子を立て、上の子に十分な愛情を注いであげることです。すると、お母さんが下の子に手をかけてもやきもちを焼かず、むしろお母さんが下の子の世話をする手伝いをしてくれたりします。

もし、お父さんやおばあちゃんが家にいるのであれば、その方に上の子をみてもらっている間に下の子の世話をする、下の子をみてもらっている間に上の子の面倒をみると、時間の割り振りを考えるとよいでしょう。近所のお母さんと当番制にして面倒をみあうという方法もあります。

18. 母親と離れたがらない子は？

息子はもうすぐ三歳になりますが、未だに後追いし、片時も離れようとしません。七田以外にも習い事をしていますが、離れるのを嫌がり、連れて行くのがやっとです。私が一緒だと楽しいようですが、別室で待っていると何度言い聞かせても嫌がります。赤ちゃんのころから言葉がけをしていたので、親子関係は大変うまくいっています。来年幼稚園に通うこともあり、もう少し自立し、みんなと楽しく過ごせるようになってほしいと思うのですが……。

大阪府　Hさん

A　子どもがなかなか自立せず、親から離れようとしないのは、子どもの無意識の心に不安な思いがあるからです。その気持ちを取り除いて、安心してお母さんから離れられるようにするには、心の栄養を与えてくださるとよいのです。

心の栄養を与えてくださるには、『八秒間の強い抱きしめ』をしてくださるのがよいでしょう。子どもが心の底から愛されている、認められていると感動するためには、息ができなくなるほど力を入れて抱くのがよいのです。

何でもないときに認め、ほめる言葉をかけるのはおかしいので、子どもにちょっとしたお手伝いを頼み、ほめる機会をつくってください。そして、してくれたら『八秒間の強い抱きしめ』をしてください。

おねしょをする、指しゃぶりをする、登校拒否をしている、外に出たがらない、友達ができない、弱い者いじめをするといった子どもの困った行動は、この方法できれいに消えていきます。子どもの性格や問題行動に困っているお母さん方は、ぜひ『八秒間の強い抱きしめ』を試みてください。

19．人見知りが激しい子は？

一歳八ヵ月になる息子は他人（大人）に対して警戒心が強い子どもです。公園などでお母さんたちに話しかけられてもほとんど笑わず、無表情で相手をじっと見つめて、私の足に隠れたり、泣きそうになることもあります。みんなに「人見知りするの？」とよく言われます。毎日公園へ通って人に慣れるようにしているのですが、なかなか直りません。引っ越してきたばかりというのも多少関係しているとは思いますが、以前からそのような傾向は少しありました。どうすればニコニコ笑顔でなつくようになるのでしょうか。何が原因なのだろうと悩んでいます。

愛知県　Sさん

A　お母さんが妊娠している間、どんな気持ちで毎日を過ごしておられたでしょうか。何か不安な毎日を過ごしていませんでしたでしょうか。

もし、妊娠中に原因があるのであれば、取り返し策として『抱っこ法』をお勧めします。『抱っこ法』で子どもは心の傷を消すと、急速に変わってとても自信のある子どもになります。自然に笑顔が出る子どもに変わるでしょう。

20. 気持ちを主張できない子は？

娘は九ヵ月のころから七田の教室でお世話になっています。誰にでもやさしい思いやりをもち、心豊かな子に育ってほしいと、これまで育ててきました。お陰さまで人に対して思いやりのもてる子に育っており、虫や花、動物にもやさしく声をかけているほどです。お友達に対して暴力を振るうことなどもちろんなく、意地悪を言うこともありません。

そんな娘に対して、同じ幼稚園に通う近所のお友達が意地悪を言ったり、仲間はずれにしたりする様子が時々みられるようになりました。これまでずっと「お友達にはやさしく」「お友達の嫌がることを言ったり、したりしてはいけない」と教えてきたせいか、そんなとき、娘は何も言わずただ耐えています。

お友達に悪気はなく、そういうことを言ったり、やったりしてみたい年ごろなのでしょうが、言われてただ耐えている娘がかわいそうで、親としてもつらいです。何も言い返さずただ耐えているかぎり、また同じことが繰り返されると思います。「相手と同じように言い返すことができれば……」とも思いますが、しかしそれではこれまで教えてきたことと矛盾するように思えて、どう娘に声をかけてよいのかわかりません。これから先、娘が自分の気持ちをはっきりと相手に伝えられて、また相手に対しても思いやりをもてる子に育てるには、どう導いてあげたらよいのでしょう。

愛知県　Wさん

A　意地悪をされる子どもは、されても何も言わず、じっと耐えるという共通点があります。このような子どもが、きちんと自分の思いを相手に強く言えるようになったら、いじめにあわなくなった、逆に幼稚園のボス的存在になったという例があります。

叩いたら叩き返せというのではなく、自分の気持ちをきちんと強く主張できる子どもに変えてあげるとよいのです。その方法は次のとおりです。

①『抱っこ法』で子どもにしっかり母親の愛情を伝える。

すると、自分は親に愛されていると感じ、自分の存在に自信のある子になります。存在感のある子に変身すると、きちんと自分の思いが言えるようになるのです。

②『五分間暗示法』で相手の子どもと自分が仲良くなった夢を見させる。

すると驚いたことに、夢のなかで見たとおりの結果が現実に起こります。

このように『抱っこ法』と『五分間暗示法』を上手に使って、きちんと自分の思いが主張できる子に育ててくださることが大切です。

21. 下の子が生まれたら？

息子たちは現在七歳と三歳です。上の子は、弟が生まれるまではとても明るく、よく笑う元気な子でした。しかし、弟が生まれてからというもの、一人で絵本を読んだりして遊ぶことが多くなり、私が何か言葉をかけてもうなずいたり首を横に振ったりするだけで、あまり言葉を発しないようになりました。

最初は「弟が生まれてやきもちを焼いているんだろう。そのうち元の明るい子に戻るはず」と深刻に考えていませんでしたが、弟が生まれてもう三年。上の子の閉じこもりは、ますますひどくなるばかりです。教室には一年前から通いはじめ、先生方のアドバイスで『五分間暗示法』などを家でも実践していますが、私のやり方に問題があるのか、あまり変化がみられません。

このように閉じこもっている子どもに対して、私はこれからどのように接していけばよいのでしょうか。

愛知県　Sさん

A　子どもの心を開くのに大切なのは、親がしっかり愛を伝えることです。

一人のときは親の愛を独り占めしていたのに、下の子が生まれるとそれができなくなり、子どもの心が微妙に変化しはじめます。無意識の心が満たされなくなり、自分はもう見捨てられたとやきもちを焼いたり、行動に示さないまでも内にこもり、心の満たされない子として育ちます。

下の子が生まれたときは要注意なのです。このとき親が上の子への接し方を間違えると、一生尾を引くケースがあります。

下の子が生まれたとき、親はつい上の子の心を思いやることができず、下の子の世話ばかりに目がいってしまいます。しかし、下の子に手をかける前に上の子に必ず声をかけ、先にちょっと抱きしめるなどして、上の子の心を満たしてあげてから下の子の世話をしてください。

下の子が生まれたときは、下の子優先ではなく、上の子優先で育ててくださるとよいのです。

上の子の気持ちに気づいてやれなかった、寂しい心を満たしてあげられずにいたとわかったら、そのときから上の子優先に接し方を変えてください。まず上の子の相手をしてあげ、上手にほめて心を満たしてあげてください。すると上の子はすっかり変わります。しっかり抱きしめて、親の愛を伝えてくださることが大切です。

愛情のしっかり伝わっている子は、安心して母親に抱かれます。もしお母さんに抱かれているのを嫌がるようでしたら、母と子の絆が育っていない印です。そのようなときは、子どもが逃げようとしても逃がさず、しっかり抱きしめて、いままで寂しい思いをさせていたことを心から謝り、愛情をしっかり伝えてください。すると、子どもが変わります。

母と子の絆がしっかり育ったら、もう心配することはありません。

22. 友達ができない子は?

息子（六歳）は一人っ子なので、いままで甘やかして育ててしまったこともあり、どちらかというと内向的な性格だと思います。先日、幼稚園の個人面談で、「一人で輪に入れず、自由時間は一人あそびをしている。友達と一緒にあそびたいようだが、自分から声がけはできないようだ」と言われました。本人に尋ねてみると「友達と一緒にあそびたい。でも声をかけるのはドキドキするので、寂しいけど一人であそんでいる」とのこと。

何とか息子を男らしい、積極的な子どもにしたいのです。もうすぐ小学生だと思うと気持ちばかりが焦って、子育てがつらくなり、自信がなくなってしまいました。

どうか息子が自分に自信のもてるように、そして積極的な子どもになれるようにご指導してください。

山口県　Nさん

A　お子さんを自信と存在感のある子どもに育てるには、親の愛がしっかり伝わっていることが基本です。そのうえで、お子さんのしたことを、認め、ほめ、「自分は親に認められた、ほめられた。自分は認められ、ほめられるに足る人間なのだ」と自信をもたせるようにすると、自信が内から湧いてきます。

お子さんをいつまでも頼りない存在、一人前でない存在だという無意識の見方をやめてください。お手伝いを頼んで、してくれたときに「○○ちゃんがお母さんを手伝ってくれるから、お母さん助かるわ」ときつく抱きしめて愛情を伝えてくださると、子どもは変身します。

また、夜、子どもが寝ているときに、『五分間暗示』をしてください。「○○ちゃんは大きくなって人を指導する人になります。幼稚園でもみんな○○ちゃんのことが好きで、一緒にあそびたがります。お父さんもお母さんもあなたがとても頼りがいのある子に育って、喜んでいます」と完了形で暗示を入れてください。

右脳の力で内向的な性格が直り、外に向かってどんどん自分を発揮できる子どもに変身することでしょう。

23. 乱暴な振る舞いを直すには？

二歳八ヵ月になる娘は、最近、反抗期も手伝ってか、友達に手を出すようになり、ひどいと髪を引っ張ったりするので目が離せません。娘にとってあまり快くない場合にそうなるのだと思いますが、このままでは乱暴な子になるのではと心配です。

親に対しても、気に入らないことやしたくないことを注意されると、たまに軽くではありますが手が出ます。以前は友達に手を出されても何もしない子でしたので、その変貌ぶりに戸惑っています。他のお母さん方からも「変わったねぇ……」と言われます。

心当たりを考えてみると、言うことを聞かず、すぐ泣く娘に私がイライラして、二、三回手が出てしまったことがありました。もしかしたら、そのことが関係しているのでしょうか。それとも性格として受け止めるしかないのでしょうか。

新潟県　Uさん

A　お子さんが変わったのは、やはりお母さんがイライラして手を出してしまったことと関係があるでしょう。そのため母子の間に溝ができ、子どもが満たされない気持ちから、他の子をぶつ行為が始まったと考えられます。振り返ってごらんになると、ちょうどそのころからお子さんが変わったことに気づかれるはずです。

これを取り返すには、『抱っこ法』で子どもにつらく当たったことを心から謝り、愛情をしっかり伝えてくださることです。できるだけ早く実践して、母子関係を改善してください。すると気持ちが満たされて、元のやさしい子どもに変わります。

24. 叩き癖、噛み癖がある子は？

現在、息子たちは三歳八ヵ月と一歳五ヵ月です。上の子は下の子と同室できないという理由から、八ヵ月前に教室を辞めました。教室を辞めてからは、私の勝手でドッツもしてあげられない状態が続いています。その後、幼稚園への入園などがあったせいか、かなりのストレスを感じている様子で、下の子が自分の思うようにならないと、叩いたり噛《か》んだりすることが多くなりました。その後は「ごめんなさい」と謝ってくるのですが、叩く、噛むの行為はなかなか直りません。私のほうもつい怒ることが多くなり、子どもにも悪いなあと思います。また、そのような状況は、下の子に対しても悪い影響を与えているようです。

子どもたちと、どのように接していけばいいでしょうか。　　　東京都　Ｋさん

Ａ　子どもたちを上手にほめて、子どもの心を母親の愛情で満たしてあげることが必要です。心が満たされるとストレスが消え、下の子にもやさしくなります。

まず、子どもをほめてあげる場づくりを考えてください。何か子どもにできるちょっとしたお手伝いを頼み、それをしてくれたらしっかり抱きしめて、心からほめ、認め、愛情を伝えてくださるとよいのです。「お母さんを手伝ってくれてありがとう。お母さん助かるわ。〇〇ちゃん、本当にありがとう」と心からお礼を言ってあげてください。

すると、お母さんに認められた、ほめられた、抱いてもらって愛情を示してもらったという満足感で、子どもがスッと変わります。

子どもを変えるには、叱ってはいけません。機会をつくって心からほめ、愛情を伝えてくださるのがコツです。子どもをほめるのはなかなか難しいものですが、このようにほめる場づくりをすると、自然にほめることができます。

子ども扱いせず、一人前の人格としてお兄ちゃん、お姉ちゃん扱いをしてあげると、子どもは変わります。子どもを頼りない存在、叱らなければわからない存在と思わずに、お母さんが子どもに頼るようにすると、子どもはしっかり育ちます。

25. 友達を見下しがちな子は？

最近、子ども（四歳）が口にする言葉が気になります。

私は子どものすること、言うことに対して、ほめ、認め、何かあるごとに「すごいね」「素敵ね」と言っています。しかし、その影響か「自分はできるけど、できない子もいるよね」と、相手を見下すようなことを言うようになりました。先日も「ハサミが上手に使えるようになってすごいね」と言うと「下手な子もいるよね。〇〇（自分）は上手なんだよね」と、自分は他の子より優れているという言い回し。自信をもって行動するのはよいことだと思いますが、このような言動は友達を失い、大人からもよく思われません。

どう対処していけばよいでしょうか。

広島市　Kさん

A　まず、一人ひとりがみな違う個性をもっていることを子どもに教えなければいけません。自分にできても人にはよくできないこともあるし、逆に人にはできても自分ではよくできないこともあるということを、言い聞かせてください。

次に、自分がよくできることはすばらしいことではあるけれども、それを自慢するのは心を曇らせることだと教えてあげてください。

子どもに「心がきれいなほうが好き？　それとも、心が汚いほうが好き？」と聞いてみると、どんな子も「心がきれいなほうが好き」と答えるはずです。そうしたら、「自分のことを自慢するのは心を汚くすることなんだよ。だから自慢しないようにしようね」と諭しましょう。

同時に「自分のことを言わないで、人のことをほめると、心がきれいになるんだよ」と心をきれいにする方法も教えてあげます。どの子も自分の心をきれいにしたいと思う気持ちがありますから、どうすれば心がきれいになるのか、逆に汚れるのかを教えてあげれば、自慢などせず、他の子の気持ちを思いやれる心が育ちます。

26．言葉の遅れを取り戻すには？

三歳の息子は言葉が全く出てきません。喃語《なんご》は話しますが、パパやママなどの意味のある言葉はありません。しかし、こちらの言っていることはすべて理解しているようですし、字も読めているようです。言葉を出すためにはどのような取り組みをすればよいのでしょうか。

静岡県　Oさん

A　三歳で言葉が出ないということですが、言ったことがすべてわかり、字も読めるというのでしたら、『抱っこ法』をして愛情を伝えてあげてください。心の不安を取り除いてあげると言葉が出だします。

言葉の基本は「あいうえお」の五つの母音です。まず「あ」が言えるようにしましょう。首、肩のこりを解きほぐして「あー」と母親の真似をして言わせます。これができるようならまず大丈夫。

もし、子どもが「あーん」と大声で泣いたら、「そう、そう。それが、あー」と言ってあげます。よく言えたとほめてあげましょう。すぐに「あ」を覚えてしまいます。

次は「いー」を言わせます。お母さんの口をよく見させて、「いー」を真似させましょう。同じ要領で「あいうえお」がみな言えるようになったら成功です。

「あいうえお」のカードを並べ、「あ」と言ったら「あ」を取らせ、同じように他の字も正しく取れるようにするあそびも有効です。

27. 自閉症の子どもの子育ては？

小三の男の子ですが、右脳教育を始めてから記憶力がとてもよくなり、最近では絵を描くときも頭のなかで想像した細かい部分が描けるようになりました。しかし小学校では、友達との関係がうまくいかず、学校から帰ってもテレビゲームやパソコンばかり……。ストレス解消になるのか一時間以上もするので、私も毎日怒ってばかりです。息子も毎日怒られて嫌でしょうが。近くの公園にも一人では全くあそびに行きません。小二までは、学校でも何とかおとなしい友達と一緒にあそんでいたのですが……。担任の話では、ちょっと肩を叩いても叩き返したり、また班活動でも何も言わなかったりと、どうも学校で伸び伸びできていません。

一年のとき、児童福祉センターの心理の先生に相談したら、軽度の自閉症だと言われました。一時は障害児学級に行ってくださいとも言われましたが、二年までは先生が漢字と計算の能力を高く評価してくださり、三年になって勉強はやる気十分です。でも、友達関係で孤立しないかと担任も心配しています。このまま普通学級で長所を伸ばしていけばいいのでしょうか。

匿名希望

A　右脳の基本は「愛と一体感と調和」です。毎日怒ってばかりいては、子どもの「愛と一体感と調和」の心は育ちません。学校の成績を問題とするよりも、まず親子の心の関係をよくしてくださることが先決問題です。

子どもの欠点を見るよりは、長所を見つけ、それを認め、ほめて育てましょう。お母さんの愛情が伝わり、自分のすることを認められ、ほめられて育つと、子どもは変わりはじめます。子どもを上手に育てるコツは、子どもを「認めて、ほめて、愛して」育てることです。

子どもは自分を認め、ほめ、愛してくれる親に対しては、一〇〇%心を開き、その期待に応えようとします。

しかし、自分を認めず、ほめず、愛してくれない親に対しては、心を閉じ、親の気持ちに応えようとしなくなります。子どもを叱って育てると、子どもは心を動かさなくなります。

自閉症とは、周りの人に心を閉じ、関心を示さない状態です。人には、周りの人と交わって楽しく一緒に過ごしたいと願う集団欲という本能があります。この集団欲は、まず母と子の間で愛で結ばれ、心で結ばれることによって基本が育ちます。子どもが母親によってこの集団欲を満たされないと、子どもの心は孤独に満たされ、心が外に向いていかなくなるのです。

ですから、学習のことはしばらく忘れて、お母さんと子どもの心の関係をよくすることに努めてください。

心の関係の修復には「ほめる種まき」をお勧めします。子どもにできるお手伝いを頼み、してくれたら思いきり抱きしめ、「お母さんを手伝ってくれてありがとう。お母さんは〇〇のことが大好きよ。お母さんは〇〇といつも心が一緒よ」と言ってあげてください。すると、いっぺんに愛が伝わり、「僕は母親に愛され、認められている。僕は役に立つ存在だ」と自分の存在に自信をもつことができるようになります。

逆に、勉強のことばかり言われ、叱られてばかりいると、子どもは「自分は役に立たない存在だ。親に愛されず、認められもしない、つまらない人間だ」と無意識に思う心が育ちます。このような子どもは存在感がなく、友達と交われず、ますます自閉的な傾向を強めていきます。

子育ての基本は、子どもをありのままに受け入れることです。受け入れ、愛を伝え、お手伝いを頼み、母と子が心を通わせて一緒に家事を楽しんでごらんなさい。学習で育てるよりも、日常の生活のなかで育ててくださるほうが、子どもの心は育つのです。

28. ツメを噛む癖を直すには？

私は共働きで、一歳より娘を保育園に預けています。半年経ったころから、父親のツメを噛む癖を見かけたからか、娘も噛むようになりました。言い聞かせたらわかると思い、根気よく「バイキンがお腹に入るからやめようね」と言ったり、『五分間暗示法』でやめるように繰り返しています。あまりしつこくして逆にひどくなってはいけないと思い、噛みだしたらあそびに誘ったりと気をつけています。

七田では英語教室でお世話になっています。大きな声で歌を歌ったり、日常生活のなかにも英語が入ってきました。仕事から帰ってから朝保育園に送るまでの短い時間ですが、できるだけ抱っこをしたり、「スキスキ」とちょっと大げさなくらい愛情は伝えているつもりです。

このままでは集中力が持続できずに何かと損をすることが多いと思い、早く直してやらないといけないと思っています。

広島県　Kさん

A　癖はなかなか直らないものです。それは大人も同じです。タバコを吸う人がタバコをやめようと思っても、なかなかやめられないのと同じです。

それを直すのは、やはり『五分間暗示法』が最適です。『五分間暗示法』を繰り返しやっているということですが、正しくやってくださっているかどうかが問題です。

『五分間暗示法』は子どもが眠りかけているときに行います。子どもの体をさすってあげながら、「○○ちゃんは、お母さんがこうして体をなでてあげていると、気持ちよくなって眠くなります。そして朝までぐっすりよく眠れます」と言います。子どもが寝入ったのを認めたら、「お母さんは○○ちゃんのことが大好きです。○○ちゃんはもうツメを嚙みません。ツメを嚙むととても苦く、嫌な気分になるので、ツメ嚙みをピタリと止めてしまいます。指が口の近くにいったら、気がついて、自然に手が口から離れてしまいます」と暗示を入れてあげてください。すると困った癖も自然となくなるでしょう。

29. 好き嫌いを直すには？

娘は五歳六ヵ月になりますが、食べ物の好き嫌いが激しく困っております。色の濃い野菜（ニンジン、ほうれん草、ピーマンなど）は嫌がってほとんど口にしませんし、キノコ類や豆類も食べられません。好きな物はくだもので、いつも食事などそっちのけで、すぐに「くだもの！　くだもの！」と言い出します。「ごはんもしっかり食べようね。くだものはその後でね」と言って食事を続けるように言うと、いつも決まって泣き出し、そうなるともう食事どころではありません。自分の好きなものを食べさせてくれるまで泣き続けるのです。こんなことではいけないと思い、調理法を工夫したり、食器を娘の好きなものにしたりと、私なりに努力はしているつもりです。しかし娘は味に敏感で、どんなに小さく刻んで料理しても、すぐにわかるようです。

娘の好き嫌いをなくすには、どうしたらよいでしょうか。

福島県　Nさん

A　子どもの好き嫌いをなくすのは本当に大変です。『五分間暗示法』を試してください。子どもが寝入った後、体をさすりながら、「あなたは眠っているけれど、お母さんの言うことがわかります。お母さんはあなたが大好きです。あなたが明るく健康に育ってくれることを心から願っています。健康に育つには何でもおいしく食べることが大切です。○○ちゃんは好き嫌いをせず、何でもよく食べます。食べるとおいしいことがわかって好きになります」と言ってあげましょう。

上手に『五分間暗示法』をしてくださることで、きっと好き嫌いは直ります。

30. 一つのモノに固執する子は？

娘（二歳）は現在、アンパンマンに夢中。毎日テレビやビデオでアンパンマンばかり見て、あそぶときもアンパンマンごっこ。さらに「大きくなったらアンパンマンになる！」と夢を語っています。「どうしてアンパンマンになりたいの？」と聞くと、「アンパンマンみたいに強く、やさしくなって、みんなを助けるの！」と答えるので、悪くはないかと思うのですが、娘の傾倒ぶりを見ていると少し心配になります。このまま放っておいてよいものでしょうか。

和歌山市　Tさん

A　子どもがテレビのキャラクターに夢中になるのは、どんなに続いても一時のことです。成長と共に興味の対象は他のものに移っていきます。

そのように子どもが一つのことに集中する性質をもっていることは、とてもすばらしいことです。それはやがて、もっと他の大切なことにも同じように発揮されます。

いまはむしろ、子どもの興味を深めてあげることを考えてくだされればよいのです。アンパンマンが好きならば、アンパンマンを利用して、やさしさ、強さに憧れさせるだけでなく、文字や数の勉強につなげていけばよいのです。

ひらがな、カタカナ、数字など、幼児が学ぶべきことを、すべてアンパンマンあそびを通して、あそびのなかで教えてあげてください。そうすると、それは勉強ではなくあそびという感じで身についていくものです。アンパンマンを通して、どれだけのことが教えられるか、考えてみてください。絵を描くことを教える、マンガを描くことを教える、ストーリーを創ることを教えるなど、教えられることがたくさんあることに気づかれるでしょう。

アンパンマンが好きだったお陰で、想像力の豊かな子に育った、絵の上手な子に育った、などうれしい結果を得ることもできるはずです。

31. イメージで視力回復できるか？

五歳になる娘が、ここ一年くらいの間に視力が低下し、両目とも〇・三くらいしかありません。眼科に通いましたが、近視でもう視力の回復は見込めないだろう、そして小学校に入るときには眼鏡をつくるよう言われました。

四歳前から一人で本が読めるようになり、本を読むのが楽しくてたまらず、暇を見つけては毎日たくさん本を読んだせいだと思います。親も読みたいままに読ませていたので反省しています。いまは目がこれ以上悪くなってはと思い、あまり本を読ませないようにしています。でも読みたがっているのに読ませないのはかわいそうですし、かといってこれ以上視力が下がるのも困ります。

ヒーリングの記事を読みましたが、自分の視力を回復させることも可能でしょうか。娘は親からみて右脳が開けているようには思えませんし、イメージもいま一つのようです。しかし、なんとかして視力回復させてあげたいのです。せめて小学生の間だけでも眼鏡なしの生活が送れたらと切望しています。ヒーリングができるとしたら、どんなふうにイメージさせてあげたらよいのでしょうか。

群馬県　Hさん

A　七田の教室に通う子どもで、視力〇・三からイメージの力で視力を回復した実例があります。

S君は二歳九ヵ月で七田の教室に入ってきました。「先天性眼球振とう」という病気があり、医師からは治す方法がないと言われていました。

S君が三歳四ヵ月のとき、教室で習った『五分間暗示法』で次回の視力検査のときには、きちんと座って泣かずに診察ができると暗示しました。すると一人で診察が受けられ、これに気をよくしたお母さんは、視力アップの暗示を入れ、子どもによくなったイメージをさせることにしました。

S君の目は右が〇・三、左が〇・六だったので、左右同じ視力になるように「Sの目は何でもよく見えるよ。右の目が左の目と同じくらいよく見えるよ」と暗示を入れました。その結果、次回の検査では右が〇・六、左が〇・七と、左右ほとんど同じになりました。ここまでくると絶対治せると希望の光が見えてきました。

二ヵ月後には幼稚園に入園します。何としても眼鏡なしで入園させたいとお母さんは「眼鏡を外しても、どこでもよく見えるようになったよ。今度の検査では一・〇のマークまでよく見えるよ」と暗示し、S君が眼鏡なしで通園している姿をイメージしました。

すると右が〇・八、左が〇・九までよくなりました。たった二ヵ月でここまでよくなるなんてとお母さんは大喜び、今度は両目が一・五を目標にイメージを続けています。眼球振動の症状もおさまり、お医者さまも驚いておられるとのことです。これにならって『五分間暗示法』とイメージを試みてください。

32. 下剤を飲まず便秘が治せるか?

二歳八ヵ月の娘が便秘で悩んでいます。いまは病院で下剤を勧められ服用していますが、以前トイレトレーニングのときにおまるとトイレに座るよう言い続けたのが原因のようで、便を出すのが嫌でガマンしているときもあります。出るときは立ったまま泣きながらおむつに出しています。『五分間暗示法』を使ってみたのですが、私がしゃべり出すとそっぽを向いたり、手でイヤと顔を触ったりします。私自身も娘に恐る恐る接するようになり、親子関係がぎくしゃくしてきました。どうかよい方法を教えてください。

福岡市　Nさん

A『五分間暗示法』をどのようにやっておられるかが問題です。子どもの体をなでながら「お母さんがこうして体をなでていると気持ちいいでしょう。すうっと気持ちよく眠れるよ。まぶたが重くなってだんだん眠くなってくるよ。ほーら、いい気持ちね」と語りかけ、毎晩気持ちよく眠りに誘ってあげてください。

そうして、当分は暗示を入れないでください。入れるとしたら、「お母さんは〇〇ちゃんが大好きよ。お母さんと〇〇ちゃんの心はいつも一緒よ」と、愛情を入れる暗示にとどめ、排泄に関する暗示は入れないでください。

子どもがお母さんの『五分間暗示法』に慣れて抵抗がなくなってきたら、そのときに「〇〇ちゃんは明日の朝、目が覚めるとおしっこもウンチも、トイレで上手にできるようになってるよ」と言ってあげてください。

いっぺんに効果を出そうと欲張らないことです。お母さんの愛情をしっかり伝えることを優先してください。愛情がしっかり伝わると、お母さんの言うことを抵抗なく受け取るようになります。何かをさせよう、よくしようという考えを捨てて、まず何よりお母さんの愛情をしっかり子どもに伝えるのが先決です。

33. 薬に頼らず喘息を治せるか？

娘（四歳一〇ヵ月）が気管支喘息《ぜんそく》を一歳半ごろから発症して、すでに一四回も入院しました。少しずつでも症状が軽くなるかと思っていましたが、最近では薬が手放せない状態です。しかし、こうした化学物質は副作用があり、実際、知人の子も脳のけいれん発作を起こしました。でもいったん喘息発作が起こると、西洋医学に頼らざるをえません。いろいろな医院、健康食品などを試しましたが、納得のいく効果は得られませんでした。何かよい方法はないでしょうか。

山梨県　Oさん

A　喘息の治し方をいろいろご紹介します。試してみてください。

①『五分間暗示法』を行う。

子どもが寝入った後、子どもの体をさすりながら、「○○ちゃんは天才だよ。自分の病気を自分で治せるよ。喘息なんか治しちゃう。ほーら、もう治っちゃった」と暗示を入れます。この方法で薬を使わずに治すことができます。

②小人のイメージを使う。

もし子どもが右脳を開いていて、イメージを使うことができるようでしたら、瞑想、呼吸をさせた後、「自分がどんどん小さくなるイメージをしてごらん。ほーら、どんどん小さくなっていくよ。米粒よりも、砂粒よりも小さくなったよ。目に見えないくらい小さな小人になったよ。さあ、小人になって自分の体のなかに入れるよ。悪いところを見つけて、自分できれいに治してね。すっかりよくなって、健康になっちゃうよ」と誘導します。

子どもがイメージしているのをしばらく待ってあげてください。すると子どもが自分で喘息をすっかり治してしまったことがわかります。右脳が開けた子どもなら、この方法が一番効果的です。

あとがき

「七田式子育て理論」は三六年の歴史があります。この間に、私は一〇〇冊以上の育児書を書きました。そして、それぞれの本を読んだ子育て中のお母さん方から、驚きと喜びにあふれた多くの手紙をいただきました。

それらの手紙によって、「七田式子育て理論」は机上の空論ではなく、実際の子育てに役立つ非常に現実的で実践的な育児法であることを知っていただくことができるでしょう。さらに、そうした手紙を読むことは、後に続くお母さん方にとっても大きな安心材料になっているに違いありません。

世の中には、一見とても立派にみえる理論でも、実践してみると内容の伴わない欠陥理論であるケースが少なくありません。

それを国が取り上げたがために、一国の教育が危機に瀕したという非常に苦い実例さえあります。教育は国の基礎を担う一大事です。それは国の未来を左右することさえあるのです。

では、どんな教育理論を取り上げるべきか。それは年月の試練を経たものでなくてはなりません。一時の目新しさに注目するだけでなく、確かな研究と成果を伴って、教育の現場にしっかりと根を張ったものでなくてはなりません。

今日「七田式子育て理論」は、国内にとどまらず、脳科学の先進国であるアメリカをはじめ、台湾、シンガポール、マレーシア、インドネシアと世界に広がりをみせています。お母さん方からの声も、海外から寄せられることが増えてきました。

ここにシンガポールで七田教室に子どもを通わせている母親からの手紙がありますので、ご紹介します。

私はジャスマン・A・チューの母親です。息子は七田のクラスに入って、記憶力を大幅に改善しました。彼の知識欲には目を見張るものがあります。息子は、年齢以上の発達をみせています。

私が七田で学んだ最も重要なことは、「愛は子育てのマジックワードだ」ということです。最近、息子は学校で四〇人の生徒たちのリーダーに選ばれました。先生方は私に「いったい彼にどんな教育を与えているのですか」と尋ねます。

今日の彼があるのは、七田式教育法のお陰です。

国内のみならず、海外からもこのような手紙をいただくことは、私の理論が国境を越えてもなお、通用するものであることに確信を得ることができます。そして、さらなる自信をもって、新しい時代のお母さん方に真の子育て法を説くことができるのです。

最後に、日本のお母さんからいただいた手紙を一つ紹介して終わりたいと思います。

『胎児からの子育て』を読んで

この著書との出会いは、私が結婚して「もうそろそろ子どもが欲しいな」と思いはじめたころでした。

そのとき、姉にはすでに二歳の女の子がおり、〇歳のときに七田先生のことを知って、お教室に通っていました。つね日ごろ、「子どもが欲しいなら、妊娠する前からちゃんとしてね」と言っていた姉は「早速この本から」と私にその本を差し出しました。きっと出産後に七田先生のことを知った姉は、私には妊娠する前からぜひにと思ったのでしょう。

実際この本を読んでみて、「目からウロコ」とはこのことなんだと思いました。いままで私が考えていた妊娠、出産、子育てと比べ、はるかに愛があふれていると感じました。

自分の子どもは大事で、いとおしくて、愛しているのは当たり前ですが、この本にはそれをどういう形で伝えてあげればよいのか、はっきり書かれていたのです。

愛しているから「愛している」と言葉をかけるのは当然です。しかし『胎児からの子育て』は、生活の仕方や食事、妊娠する前からの心と体のことなど、母親が子どもにしてあげられるあらゆる事柄が書かれてありました。いまは昔と違って、子どもたちを取り巻く環境が変わってきているため、昔ながらの子育てではだめなことも知りました。障害やアレルギーなどの問題にも、「ちゃんと原因があるんだ」ということを教わりました。

妊娠する前はもちろん、妊娠してからも「ああ、そうだった」と何度も何度も読み返しました。いまでは子どもを欲しがっている夫婦や、妊娠した友人など、いろいろなところをグルグル回ってボロボロになっていますが、私の大切な一冊です。

いま子育てに奮闘中のお母さん方はもちろんのこと、これから母親となるみなさんにとっても、本書が役立つ一冊となりますように。そして、新しい時代の子どもたちが、豊かな心を育て、自信にあふれて未来に羽ばたけますように、お祈り申しあげます。

七田　眞

●七田式幼児教育についてのお問い合わせ・資料請求

しちだ・教育研究所（教材販売／通信教育／七田式教室）
http://www.shichida.co.jp
〒695-8577　島根県江津市江津町526-1
TEL0120-199-415（平日9時〜18時受付）

七田 眞

しちだ・まこと──七田式創始者。1929年、島根県生まれ。長年研究してきた幼児教育を、「七田式幼児教育理論」として確立。現在、七田式教室は国内のみならず、アメリカ、台湾、シンガポール、マレーシア、インドネシア、タイなど世界的に広がっている。著書には『認めてほめて愛して育てる』、『「できる子」の親がしている70の習慣』(ともにPHP研究所)など多数ある。

2009年4月永眠。教育と共に歩み、教育に捧げた79年の人生を閉じる。

講談社+α新書 225-1 A

七田式《しちだしき》子育《こそだ》て理論《りろん》 36年《ねん》の法則《ほうそく》
頭のいい子を育てる「語りかけ」と「右脳あそび」

七田《しちだ》 眞《まこと》

2004年10月20日第1刷発行
2018年 7 月17日第9刷発行

発行者──── 渡瀬昌彦
発行所──── 株式会社 講談社
東京都文京区音羽2-12-21 〒112-8001
電話 編集(03)5395-3522
販売(03)5395-4415
業務(03)5395-3615
デザイン──── 鈴木成一デザイン室
カバー印刷──── 共同印刷株式会社
印刷──── 慶昌堂印刷株式会社
製本──── 株式会社国宝社

定価はカバーに表示してあります。

落丁本・乱丁本は購入書店名を明記のうえ、小社業務あてにお送りください。

送料は小社負担にてお取り替えします。

なお、この本の内容についてのお問い合わせは第一事業局企画部「+α新書」あてにお願いいたします。

ISBN4-06-272281-X